NHK
連続テレビ小説

ごちそうさん
レシピブック

製作協力
NHKドラマ制作班＋広里貴子

朝日新聞出版

はじめに

連続テレビ小説「ごちそうさん」の舞台は明治の終わりから大正・昭和期。東京・本郷の洋食屋・開明軒《かいめいけん》で生まれ育ったヒロイン・卯野《うの》め以子《いこ》は、自分が食べることばかり考えていましたが、卯野家に下宿する帝大生・西門悠太郎《にしかどゆうたろう》に恋をしたことで、いつしか「おいしいものを食べさせたい」という情熱を持つようになります。

毎回たくさんの料理が登場し、ストーリーの行方を左右します。料理は、このドラマにおける主役の一人と言っても過言ではありません。ドラマに登場する料理を手掛けるのは、フードスタイリストの飯島奈美さん。明治・大正時代の本格的な西洋料理を肥田順さんが指導し、伝統的な大阪料理の食材選びやメニューの監修を私、広里貴子が担当しています。どんな料理を出したらよいか、どうやったら料理がおいしく見えるのか。現場では日々知恵を出し合い、試行錯誤を繰り返しています。また、私が今まで大阪在住の皆様から伺った「昔よく作った懐かしい料理」や市場の皆様からの食情報も参考にしております。

ごちそうさん料理チームをお料理に例えるなら、うまみのある昆布と鰹節の豊かな風味の相乗効果で、最高のおだしを目指すというところでしょうか。なんとも贅沢なコラボレーションです。

　この本では、主に第1週～13週のレシピの中から、ストーリーの鍵を握るもの、現場で好評だったもの、ご家庭でぜひ試していただきたいものを厳選してご紹介しています。ドラマに登場する料理は現場で作りあげたものですが、本書におけるレシピの責任は私にあります。また、この本のために一部写真を撮り下ろしています。

　め以子が抱いた「おいしいものを食べさせたい」「ご飯が楽しくなる家庭を作りたい」という情熱が、この本を通じて皆様に届けば、こんなにうれしいことはありません。

広里貴子

＊赤茄子ご飯（P16）、オムレットライス（P18）、スコッチエッグ（P22）、とろろ納豆あんの袋揚げ（P40）、白身魚のフライのタルタル（P47）、がわがわ（P52）、焼氷（P96）、ハモニカ（鱧似寒、P111）は飯島奈美さんのレシピを掲載させていただきました。ありがとうございます。

NHK連続テレビ小説

ごちそうさんレシピブック――目次

第3章 め以子と師匠の始末の料理

・計量の単位は、大さじ1＝15cc（15ml）、小さじ1＝5cc（5ml）です。
・バターは無塩のものを使用しています。

第1章

開明軒と卯野家の食卓

ヒロイン・卯野め以子が生まれ育ったのは
東京・本郷の洋食屋・開明軒。
「大きくなりすぎたのはお父ちゃんの料理が
おいしすぎたせい」と、め以子が嘆いたレシピです。

巨大オムレツ

見た目もおいしい、
とろっとろ・ふわっふわのオムレツ。
大皿に盛ってみんなでいただけば、
おいしさも格別です。

こんな大きいオムレツを
こんなにうまく焼けるのは
東京広しといえど、
お父ちゃんくれえの
もんだぞ

巨大オムレツ

材料（5人分）

- 卵…12個
- 生クリーム…60cc
- 塩…小さじ1
- 白こしょう…少々
- バター…20g

1 ボウルに卵を割り入れてよく混ぜ、生クリーム、塩、白こしょうを加えてさらに混ぜる。

2 大きめのフライパン（直径28cmくらい）を熱し、バターを加える。1を一気に流し込み鍋を前後にゆすり、菜箸かゴムベラで混ぜながら火の通った卵を外から内側へ入れ込むようにスクランブルエッグ状のものを作る。◎全体的に均一な半熟状にします。

3 卵をフライパンの前方に寄せて形を作り、あおりながら楕円形のオムレツに仕上げる。◎卵は余熱でも火が通ります。手早く成形していきましょう。

◎フライパンはフッ素加工されているものを使うと、きれいに仕上がります。巨大オムレツは卵液が非常に重たいので、苦戦すると思います。まずは普通のサイズ（¼量）で何度か練習してみてください。

1

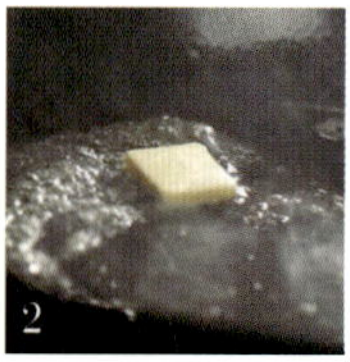
2

2

episode

ごちそうが並ぶ 卯野家の朝食

納豆、漬物、ご飯、スープ、そして巨大オムレツ——。卯野《うの》家の食卓には、豪華な朝食が並んでいた。というのも、洋食屋・開明軒《かいめいけん》のコックである父・大五《だいご》は、帝国グランドホテルで修業したこだわりの料理人。「十日過ぎたら黄身がペタンコになるから、客には出せない」と言って、卵をふんだんに使ったまかないを作ったのだ。苦しい家計を預かる母・イクとしては、「お父ちゃんの料理は世界一だろう？」と無邪気に娘に自慢する大五が歯がゆくて仕方がない。

一方、め以子《いこ》はおいしい朝ごはんを夢中で食べながら、こんなことを考えていた。「新鮮な卵で作ったオムレツは、すっごくおいしいんじゃないか……」。

そして起きるのが、「ニワトリ小屋事件」である。

赤茄子ご飯だ！
いっただきまーす！

赤茄子ご飯

トマトソースと鶏肉のうまみ、
バターのコクが一体となった赤茄子ご飯。
大人も子供も大好きな
洋食の定番メニューです。

赤茄子ご飯

材料（2人分）
- 冷やご飯…300g
- 鶏むね肉…80g
- 玉ねぎ…1/4個
- にんじん…1/4本
- グリーンピース…30g
- トマトソース…大さじ2～3
- トマトケチャップ…大さじ1
- 塩…少々
- 白こしょう…少々
- バター…適量
- サラダ油…適量

◎トマトソースは市販のもので大丈夫です。手作りする場合は、トマトの水煮400gを半量になるまで煮つめ、塩（小さじ1/3）を加えて味を調えます。

1 鶏むね肉はひと口大に切り、玉ねぎ、にんじんはみじん切りにする。グリーンピースはゆでる。

2 トマトソースを小鍋に入れて温め、トマトケチャップを加える。

3 熱したフライパンにサラダ油、バターを加え、鶏むね肉、玉ねぎ、にんじんを炒める。火が通ったら2を加えて混ぜ、ご飯を加えて炒め合わせ、塩・こしょうで味を調える。仕上げにグリーンピースを加える。

episode

め以子が大好きな お父ちゃんの味

お父ちゃんの料理が大好きなめ以子。なかでも一番のお気に入りは「赤茄子ご飯」だ。赤茄子とはトマトのことで、「赤茄子ご飯」は今でいうチキンライス（ケチャップライス）にあたる。鍋底に余ったソースと冷やご飯で作る、洋食屋ならではのハイカラメニューである。

お弁当が赤茄子ご飯だと、め以子は大喜び。当時まだ珍しかった赤いご飯はクラスでも大人気だ。お弁当を食べていたら、クラスのやんちゃ坊主・源太《げんた》がやってきた。

「その赤い飯、俺にも寄越せよ」

困っため以子は、驚くべき勢いでお弁当をたいらげると、こう言った。

「ごめん、もうない」

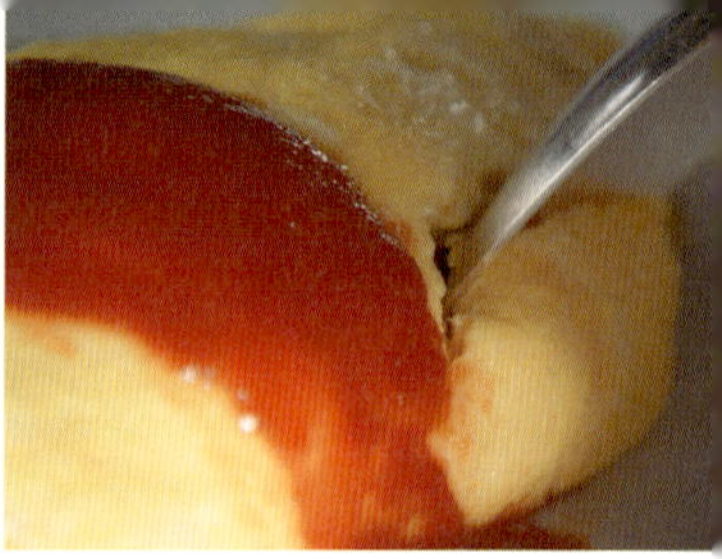

オムレットライス

赤茄子ご飯とオムレツを
合わせて食べたら……
あれっ、すごくおいしい！
開明軒の看板メニューの誕生です。

材料（2人分）

- 赤茄子ご飯…P16を参照
  （※ソースは多めに用意する
  トマトソース…150cc
  トマトケチャップ…100cc）
- 卵…4個
- 生クリーム…大さじ2
- 塩…少々
- 白こしょう…少々
- サラダ油…適量
- バター…適量
- クレソン…2枝

1 P16を参考に赤茄子ご飯を作り、半分に分けておく。2で作るソースは仕上げでも使うため、トマトソース150cc、トマトケチャップ100cc分、増量して作っておく。

2 ボウルに卵を割り入れ、生クリーム、塩、こしょうを加えて溶き、半分に分けておく。

3 熱したフライパンにサラダ油とバターを溶かし、2の卵液を流し入れて手早く混ぜる。卵が半熟状態になったら、一旦火からおろして、赤茄子ご飯を卵の中央にのせて卵で包む。◎赤茄子ご飯の山が崩れてこないように、ヘラで押さえながらフライパンのへりに沿って形を作ると上手にできます。

4 残りの材料も、同じようにしてオムレットライスを仕上げる。

5 1で残しておいたトマトソースを適量かけ、クレソンを添える。

episode

誕生！ 開明軒のオムレットライス

開明軒の客足はいまひとつ。おまけに新聞のコラムで料理を酷評されてしまう。学校で「おまえんとこの店、まずいんだって?」とからかわれため以子は、汚名返上のために同級生たちを連れて開明軒にやって来た。

め以子がリクエストしたのは、赤茄子ご飯とオムレツ。「あんなの表に出すもんじゃねぇ」と拒否する大五だが、目に涙を溜めて訴えるめ以子に根負けする。子供たちは「なんだこれ!」「うめぇ!」と大喜びで、あっという間にたいらげてしまう。そしてこのとき、め以子は大発見をする。赤茄子ご飯とオムレツ、一緒に食べるとすごくおいしいのだ!

こうして赤茄子ご飯とオムレツは、のちに「オムレットライス」となり、開明軒は親子連れや学生で賑わうようになったのだった。

料理は科学です。
熱伝導も比熱も
あなたの人生と決して
無関係やないと
思います。

スコッチエッグ

卵1個をお肉で包んだスコッチエッグは、ボリューム満点。とろりとした黄身とソースのからみ具合が、たまりません。

スコッチエッグ

材料（4個分）

- 卵（Mサイズ、半熟卵用）…4個

〔肉だね〕
- 合いびき肉…600g
- 玉ねぎ…1/4個（80g）
- 生パン粉…30g
- 牛乳…大さじ2
- 卵…1個
- 塩…小さじ1
- 白こしょう…少々
- ナツメグ…少々

〔衣〕
- 薄力粉…適量
- 溶き卵…1個
- パン粉…適量
- 揚げ油…適量

〔ソース〕
- ウスターソース…30cc
- ケチャップ…90cc

1 半熟卵を4個作る。卵は常温に戻しておき、湯を沸かす。沸騰したらそっと卵を入れ、5分30秒加熱する。鍋から取り出して、氷水で急冷する。

2 肉だねを作る。玉ねぎはみじん切りにし、サラダ油（分量外）で炒め、冷ましておく。

3 ボウルに合いびき肉、塩を入れて粘りが出るまでよく練る。2、牛乳に浸した生パン粉、卵、こしょう、ナツメグを加えてさらに練り、4等分にする。

4 1の卵の殻をむき、薄力粉を薄くまぶして、3の肉で包み、ラグビーボール形にする。

5 4に薄力粉、溶き卵、パン粉の順でつけ、160～165℃に熱した油で6～7分揚げる。

6 ウスターソースとケチャップを合わせて温めておく。

7 皿に6のソースを敷き、スコッチエッグを盛る。

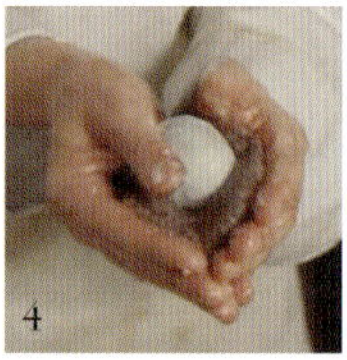

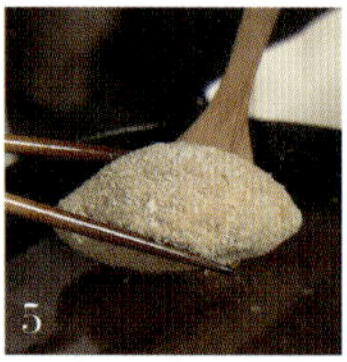

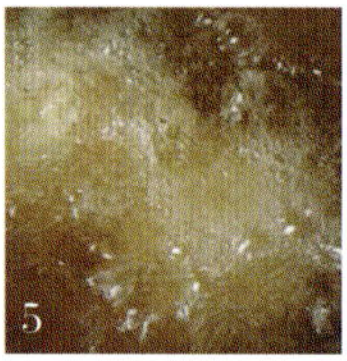

episode

トロ〜リの秘密は、理科にあり？

理科で落第の危機に瀕しため以子は、卯野家の下宿生で東京帝国大学に通う西門《にしかど》悠太郎《ゆうたろう》に勉強を教えてもらうことになった。しかし、め以子は全く勉強についていけない。「どうせお嫁に行くだけだから勉強なんかどうでもいい」と自棄《やけ》を起こすと、悠太郎から「あなたには、魅力がないんです」と言われてしまう。

ムキになって勉強を始めため以子の前に、悠太郎はスコッチエッグを差し出す。理科の知識に基づくと、肉のうまみと半熟卵のとろみが共存する絶妙の揚げ具合のスコッチエッグができるという。め以子が理科に興味を持てるようにと、悠太郎なりに考えてくれていたのだ。

追試の結果、落第を免れため以子に「よかったですねぇ」と優しい笑顔を向ける悠太郎。なぜかめ以子のドキドキは止まらないのだった。

悠太郎の科学的調理教室

科学や理科というと、難しく考えてしまうかもしれませんが、科学は日常生活のなかにあふれていて、料理も科学的視点から語ることができるわけです。

たとえば、め以子さんが**山芋**をすりおろして手がかゆくなったことがありましたが、これは山芋に含まれている**シュウ酸カルシウム**という物質のせいなんです。この物質の結晶は先のとがった針みたいな形をしているので、触るとチクチクします。シュウ酸カルシウムは酸に弱いので、山芋はあらかじめ酢水につけてからすりおろすとよいと言われています。

それから**ぬか漬け**。漬けると食材のかさが減るのは、中に含まれる水分が外に出るからです。なぜ、外に水が出るかというと、これはぬか床による**浸透圧**《しんとうあつ》ゆえなんです。野菜などの細胞膜は、濃度が薄いほうから濃いほうに水分が移動するよう圧力がかかります。野菜の水分と栄養素がぬか床に、ぬか床の栄養素と塩分が野菜に移動するので、野菜が漬かると同時に、ぬか床そのものもおいしくなるんです。

牛乳が白いのは、水の中に**コロイド粒子**が浮いているからです。砂糖や塩を水に入れてかき混ぜると、砂糖や塩が水に溶けて、砂糖水や食塩水になりますね。でも、砂を水に入れてかき混ぜても、砂は水には溶けません。非常に大雑把に言えば、コロイドとはその中間、1～100ミクロンの大きさの粒子が、均一に分散している状態をいいます。牛乳の成分でいうと、脂肪とたんぱく質がこれにあたります。このコロイド粒子が光を乱反射するので、牛乳は白く見えるのです。雲や雪が白く見えるのと、同じ原理です。

最後に、**赤じそ**に含まれる**アントシアニン**の性質を利用したレシピをお教えしましょう。この物質は、酸性では赤、中性では紫、アルカリ性では青と色を変える性質があります。

赤じそのジュース

材料
- 赤じその葉…200g
- 水…900cc
- 砂糖…200g
- 酢…200cc

1 しそは茎を取り、葉だけにして、きれいに洗う。

2 鍋に湯を沸かし、沸騰したらしそを入れて2～3分煮る。赤じそが深緑色に変色したらザルに上げ、よく絞る。

3 煮汁に砂糖を溶かす。

4 3に酢を加え、冷やしていただきます。◎紫色が鮮やかな赤色に変わるのは、酢を加えたことで汁が酸性になったからです。

紫蘇《しそ》香煎《こうせん》

材料
- 赤じそのジュースを作ったときの絞りかす
- 酢(または梅酢)…適量
- 塩…適量

1 しその絞りかすに酢(または梅酢)をもみこんでひと晩置く。

2 ザルに上げて、天日でからからになるまで干す(時間を短縮したいときは、電子レンジに何度かかける)。

3 2をすり鉢ですり、塩で味付けする。
◎ご飯や冷や奴、天麩羅などにかけていただきます。

だから、ごちそうさま、
め以子。こんなに
走り回ってくれて、
十分ごちそうさまだよ。

ぬか床

一度作れば何十年と使え、
使えば使うほどおいしくなります。
お金では買えない
我が家の宝物です。

ぬか床

材料

・煎りぬか…1・5kg（生ぬかを使う場合は、フライパンなどでゆっくり煎る。香ばしさが出ておいしくなり、発酵しすぎないので扱いやすくなる）

・水…1・5ℓ

・あら塩…150～200g

・昆布…10×10cm…1枚

・唐辛子（鷹の爪）…2本

・実山椒…大さじ1

・捨て漬け用の野菜（大根、かぶ、キャベツ、にんじんなど、なんでもOK）…適量

容器

・陶器やホーローなど、蓋付きのもの（煮沸するかホワイトリカーでふくなどして消毒しておく）

1 分量の水を沸かし、あら塩を加えて冷ましておく。

2 1と煎りぬかを合わせてしっかり混ぜる。

3 捨て漬け用の野菜、昆布、唐辛子、実山椒を漬け、表面を平らにする。朝夕1回ずつくらいよくかき混ぜ、2～3日置く。◎「捨て漬け」といって、ぬか作りに欠かせない作業です。詳しくはP30を参照。

4 捨て漬け用の野菜を取り出す。野菜についたぬかは取り除き、野菜の汁も絞ってぬか床に戻す。3、4を計3回繰り返したら、ぬか床が完成。

5 お好みの野菜を漬ける。野菜はよく洗い、水分をしっかりふき取る。それぞれの下準備は左ページを参照。

6 できれば一日2回、少なくとも1回はかき混ぜる。食材にもよるが、1～3日ぐらいが食べ頃。◎ぬか床は、底までしっかりかき混ぜます。かき混ぜたあとは表面を平らにならし、周囲のぬかはきれいにふき取りましょう。
◎できるだけ毎日野菜を漬け込みましょう。漬けることで次第に発酵が進み、風味もよくなってきます。

ドラマで漬けたいろいろな素材の下準備

＊いずれも洗ったらよく水気をふく

［かぶら］…実（皮はむかなくてもよい）と茎を切り分けてそれぞれ塩でもみ、布巾で塩をふき取る

［きゅうり］…塩で表面をこすり、布巾で塩をふき取る

［にんじん］…塩で表面をこすり、布巾で塩をふき取る（早く漬けたい場合は、縦半分に切る）

［キャベツ］…葉と葉の間にぬか床を入れて漬ける（早く漬けたい場合は、一枚ずつ葉をはがす）

［なす］…塩にミョウバンを少し混ぜたもので皮をこすり、布巾で塩をふき取る

［白菜］…塩をまぶすか、天日に干すなどしてしんなりさせる

［たけのこ］…ぬかをいれたお湯で下ゆでし、皮をむいて水にさらす

［トマト］…できるだけ青くて固めのものを用意する

［みょうが］…ガーゼに包む（小さいのでなくなりやすいため）

［豆腐］…しっかり水きりしてからガーゼに包む

［サツマイモのツル］…下ゆでして皮をむく

［まくわ瓜］…皮をむいて半分に切り種を取る

［スイカの皮］…表面の皮をむく

［新生姜］…塩で表面をこすり、布巾で塩をふき取る

［長いも］…皮をむいて塩で表面をこすり、布巾で塩をふき取る

ぬか漬けQ&A

ぬか床の疑問あれこれ、解決します！

Q.「ぬか」ってなんですか?

A.玄米を精米するときに発生する米ぬかのことです。ぬかにはビタミンB類などの栄養が含まれています。ぬか漬けにすることで野菜にぬかの栄養素が吸収され、生で食べるよりも栄養価が高くなります。

Q.「捨て漬け」をするのはなぜですか?

A.米ぬかと塩、水を合わせただけの段階では、まだぬか床は完成していません。ここに野菜を入れることで、野菜の表面に付着している酵母や乳酸菌が繁殖し、それが野菜に入り込むことで、ぬか漬け独特の風味が生まれるのです。

つまりぬか漬けは、ヨーグルトやチーズなどと同じ発酵食品。腸内環境にもよい栄養食品なのです。

Q.どうしてぬかをかき混ぜなくてはいけないのですか?

A.前述のように、ぬか床には酵母や乳酸菌が含まれています。この酵母と乳酸菌がバランスよく繁殖していると、おいしいぬか漬けができます。酵母は好気《こうき》性菌《せいきん》といって空気が好きな菌で、乳酸菌は嫌気《けんき》性菌《せいきん》といって、空気が嫌いな菌です。かき混ぜずに放っておくと、酵母が減って乳酸菌だけが増え、さらに他の有害な菌が増えてしまいます。こまめにかき混ぜることで、ぬか床の菌をバランスよく保つことができるのです。

Q.煎りぬかと生ぬかはどう違うのですか?

A.精米するときにできるものが生ぬか、それを煎って乾燥させたものが煎りぬかです。どちらを使うかは好みですが、初めての方なら煎りぬかのほうが扱いやすいでしょう。

Q.ぬか床の温度はどのくらいに保つのがよいですか?

A.ぬか床に最適な温度は20~25℃くらいといわれ、30℃以上になると異常発酵することがあります。暑い時期には冷蔵庫に入れたほうがよいでしょう。ただし、温度が低いと菌の動きが悪くなるため、冷蔵保存の場合は常温に比べて漬かるまでに2倍ほどの時間がかかります。

Q.漬けているうちにぬかが

やわらかくなってきました。どうしたらいいですか？

A. 漬けている野菜から水分が出るため、ぬか床はどうしてもやわらかくなってしまいます。そんなときは、ぬかと塩を10：1くらいの割合で足し、ちょうどいい固さに戻します。または、ぬか床にくぼみをつけて水がたまるのを待ち、たまったらきれいな布で吸い取るか、お玉で水分を取りましょう。みその固さを目指します。

Q. ぬか漬けの味がすっぱくなりすぎてしまいました。どうしたらいいですか？

A. 塩が足りなかったり、かき混ぜが足りなかったり、温度が高すぎたりすると、ぬか床の発酵が進みすぎてすっぱいぬか漬けができてしまうことがあります。漬けている野菜を取り出して、ぬか床4kgに対して粉からしを大さじ1程度入れ、3日ほど休ませましょう。ぬか床の発酵が抑えられます。

Q. なんだか味が物足りません。

A. ぬか床に唐辛子、実山椒、昆布、鰹節、煮干し、大豆などを加えてみましょう。うまみが出てきます。

Q. 旅行などでかき混ぜられないときは、どうしたらいいですか？

A. 短期間であれば、冷蔵庫に入れておけば大丈夫です。ぬかと塩を10：1くらいの割合で足し、少し固めにしておくと安心です。長期の場合、ぬか床の野菜を全部取り出して、ぬかをポリ袋などに入れて冷凍します。自然解凍して、また使うことができます。また、同様に野菜を全部取り出してから、表面が見えなくなるまで塩をふる方法もあります。

Q. カビが生えてしまいました。もう使えませんか？

A. 大丈夫です。カビとその周囲を3㎝ほど取り除き、野菜をすべて取り出します。清潔な容器を用意し、ぬかを移し替えます（もとの容器をよく洗い、しっかり乾かしてから移し替えても大丈夫です）。ぬかと塩を10：1の割合で足し、3日ほど休ませてから再開しましょう。

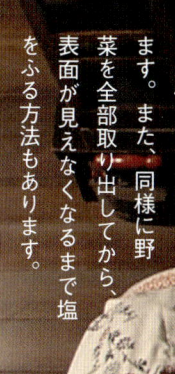

episode

大好きなおばあちゃんが宿る宝物

「食べたい気持ちが強いっていうのは生きる力が強いってことさ」と、食いしん坊なめ以子を温かく見守っていたトラは、め以子に「ごちそうさん」の意味を教えてくれた。

「昔はね、食事を用意するのは今よりもっと大変で。お客さんに食事を出すために、馬を馳《は》せて、走り回って野菜や魚を集めさせたんだって。そこまでしてくれたことへの感謝を、『ご馳走《ちそう》さま』って言葉に込めたんだよ」

この世からいなくなっても、トラはぬか床に宿ってめ以子を見守っている。トラからぬか床を引き継いだめ以子は、何かあるとぬか床をかき混ぜる。悠太郎への恋心でドキドキがとまらなくなったときも、西門家に嫁いでいったときも、ぬか床はいつもめ以子のそばにあるのだった。

第2章

め以子の恋の必勝料理

食べることにしか興味のなかっため以子は、悠太郎と出会い、「食べさせること」に興味を持っていきます。料理ノートをつけながらめ以子が研究を重ねたレシピです。

きゅうりすりおろしと梅しそ
みそ山椒
青のり
のり

こんなおいしいもの食べられないなんて、人生損してますよ!

納豆のお薬味

いつもの納豆が、薬味を変えるだけでちょっと違った味わいに。納豆が好きな人も嫌いな人も、自分好みの薬味を見つけてみてください。

納豆いろいろ

※すべて納豆1パック（45g）に対する分量です

[きゅうりすりおろしと梅しそ]

材料

- きゅうり…1/3本
- 梅干し共漬けの赤じそ…10g
  酢…大さじ1/2
  砂糖…大さじ1/2
  塩…小さじ1/4

作り方

きゅうりはすりおろして目の細かいザルで水分を軽くきり、赤じそは粗いみじん切りにして、よく練った納豆に調味料とともに混ぜる。

[のり]

材料

- のりの佃煮（作り方はＰ１００の鍵盤サンドを参照）…適量
- わさび…適量

作り方

よく練った納豆に材料を加える。

[青のり]

材料

- 青のり…大さじ1/2
- 濃口しょうゆ…小さじ1/2
- みりん…小さじ1/2
- 練りからし…少々

作り方

よく練った納豆に材料を加える。

[みそ山椒]

材料

- 田舎みそ…小さじ2
- 山椒の佃煮…小さじ1/2
- 粉山椒…適量

作り方

納豆に田舎みそ、山椒の佃煮を入れてしっかり混ぜ、好みで粉山椒を加える。

[あさりの佃煮]

材料

- あさりのむき身…50g
- 酒・砂糖・しょうゆ…各大さじ2
- 生姜…30g

作り方

1　生姜は半分は絞り汁に、残りの半分はせん切りにする。

2　鍋にあさりのむき身と調味料を入れて火にかけ、沸いてきたら中火にして煮汁が半分になったら生姜のせん切りを入れ、煮汁がなくなったら生姜のしぼり汁を加えて火を止める。

3　納豆に2を混ぜる

[キャビア]

材料

- キャビア…小さじ1

作り方

よく練った納豆にキャビアを混ぜる。

◎たまにはこんな贅沢もアリ?

episode

納豆嫌いに 納豆を食べさせる方法や如何

卯野家の朝食に欠かせない納豆だが、実は悠太郎は納豆が食べられない。それを知っため以子は、納豆を試してみるように悠太郎にしつこく勧めるが、大五に叱られて、その場は引き下がる。

しかし、こと食べ物に関してはめ以子はしぶとい。自分の好物を食べられない人がいるなんて、信じられないのだ。夜中、め以子は頼まれもしないのに一人で納豆の薬味を研究し、翌日の朝食に出してみた。それがこの六種の薬味である。

「うまい！」「納豆ってわかんないかも！」と家族や従業員には大好評（店のキャビアを勝手に使ったことで大五には怒られたが……）。

しかし、やはり悠太郎には手をつけてもらえないのだった。

私、やりたいことって他になくて…。
もっと工夫したら、おせっかいじゃ
なくなるかもって思って。

とろろ納豆あんの袋揚げ

とろろや薬味と一緒に揚げることで、
納豆の臭みがやわらぎます。
ご飯のおかずにはもちろん、
おつまみにもピッタリの一品です。

とろろ納豆あんの袋揚げ

材料（8個分）

- 納豆…100g
- 梅干し…1個（約10g）
- 山芋…100g
- ピーナツ…大さじ約2
- みそ…小さじ2～2 1/2
- しょうゆ…小さじ1/2（または納豆の付属のタレ）
- 砂糖…小さじ1
- ごま油…小さじ1
- からし…小さじ1
- 油揚げ…4枚
- かんぴょう…約15g
- 揚げ油…適量

1 かんぴょうは水で戻し、水分をきる。油揚げは油抜きして、半分に切り、袋状に広げておく。

2 納豆は細かく刻む。梅干しは種を取り除いてたたく。ピーナツは粗く刻む。山芋は皮をむいてすりおろす。ボウルに納豆、梅干し、山芋、ピーナツ、みそ、しょうゆ、砂糖、ごま油、からしを加えて混ぜる。

3 油揚げに8等分した2をつめて、かんぴょうで結んで口をとじる。

4 約170℃に熱した油できつね色になるまで揚げる。

◎ドラマでは納豆嫌いの悠太郎が納豆と気づかずに食べてしまいましたが、実際には納豆らしさが全くなくなるわけではありません。納豆が苦手な方は、納豆を少なめにしてみましょう。

episode

初めて知った「食べさせる」喜び

「安全で住みよい街を作る」という悠太郎の夢を聞いてから、め以子はなんだか落ち着かない。親友の桜子《さくらこ》も民子《たみこ》も、それぞれ夢を持っている、でも、私には何もない……。

そんな話を女学校の教師・宮本にすると、宮本は「包丁というのは、実はただの鉄の板なんですよ。研がなければ包丁にはなりません」と言う。そして、納豆嫌いに納豆を食べさせたい、というめ以子の思いこそ、「砥石《といし》」だったのではないかと語る。

その言葉を聞いため以子は、台所に立って悪戦苦闘を始める。イクの手を借り、なんとか出来上がったのが、この料理。

悠太郎はこれで見事に納豆嫌いを克服し、め以子は初めて「人に食べさせる喜び」を知ったのだった。

あなたは、
愛してますから。
食べることを、
愛してるでしょう。

おむすび

大人も子供も、
みんな大好きなおむすび。
アイデアひとつで、
味も楽しさも広がります。

おむすび基本の握り方

1 ボウルに水を入れ、手を水で軽くぬらす。

2 ひとつまみ程度の塩を手の平につける。

3 おむすび1個分のご飯を手の平にのせる。

4 形が整うように外側はキュッと握りつつも力は入れすぎない。お米とお米の間に空気を含ませるようにしながら、形を整える。
◎優しく握ることで、食べるとご飯がホロッとほぐれるおいしいおむすびになります。
◎三角、俵形、丸形など、地域によっていろんな形がありますが、きれいな形を作るコツは指の節をうまく使うこと。でも、最後は「この形にするぞ！」という気合いです。
◎炊きたてのご飯には保水膜があるので、熱々のうちに握るとおいしいおむすびができます。め以子は手の平を分厚くしながらがんばっていましたが、やけどにはくれぐれもご注意を。

episode

こころをコメて握ります

　人に食べさせる喜びを知ったため以子は、毎日お弁当を作ることにする。悠太郎のリクエストは「おむすび」。あまりにも簡単すぎると不満な表情を見せため以子だったが、気を取り直して「世界で一番おいしいおむすびを目指す」と悠太郎に宣言する。

　が、初日の弁当は大失敗。米の炊き方すら知らなかったため以子は、イクの教えを受けつつ、自分でも塩の種類、ご飯の固さ、のりの有無などを変えて、おいしいおむすびを追求する。さらに「卒業まで毎日違うものを作る」を目標に、「料理ノォト」をつけながら研究を重ねた。

　いつしか悠太郎も、今日は何のおむすびなのか、密かに楽しみにするようになっていたのだった。

め以子のおむすび 東京編！

※いずれも、おむすび約6個分の分量です。

梅おかか

材料

・梅干し…3個
・削り鰹…10g

作り方

①梅干しは種を取り除き、実をたたく。鰹の削り節を加えて混ぜる。

②手の平に塩をつけて、おむすび1個分のご飯を手の平にのせる。中央をくぼませて、❶をのせてご飯で包み握る。お好みで切ったのりを巻く。

おむすびといえば！
の定番

ごぼうと豚肉のみそ炒め

材料

・ごぼう…¼本
・豚バラ肉…20g
・田舎みそ…大さじ½
・砂糖…大さじ½
・サラダ油…小さじ1

作り方

①ごぼうはささがきにして水に浸してアクを抜く。豚バラ肉は粗いみじん切りにする。

②フライパンにサラダ油を入れて熱し、豚肉を炒める。肉の色が変わったら水気をきったごぼうを加えて炒める。

③ごぼうがしんなりとして火が通ったら田舎みそ、砂糖を加えて軽く炒めて火をとめる。

④手の平に塩をつけて、おむすび1個分のご飯を手の平にのせる。中央をくぼませて、❸をのせてご飯で包み握る。お好みで切ったのりを巻く。

間違いなしの
おいしさ

白身魚のフライのタルタル

材料

〔白身魚のフライ〕
- 真だら…1切
- 塩…少々
- 白こしょう…少々
- 薄力粉…適量
- 卵…1個
- パン粉…適量
- 揚げ油…適量

〔タルタルソース〕
- 玉ねぎ…大さじ1（みじん切り）
- きゅうりのピクルス…大さじ1（みじん切り）
- パセリ…少々（みじん切り）
- マヨネーズ…大さじ3
- ケチャップ…小さじ1
- レモン汁…少々
- しょうゆ…ひとたらし

作り方

①真だらは2㎝角に切り、塩・こしょうをして、薄力粉、溶き卵、パン粉の順につけて、揚げ油できつね色になるまで揚げる。

②マヨネーズに玉ねぎ、ピクルス、パセリ、ケチャップ、レモン汁、しょうゆを加えて混ぜる。

③手の平に塩をつけて、おむすび1個分のご飯を手の平にのせる。中央をくぼませて、❷のタルタルソースをつけた❶のフライをのせてご飯で包み握る。お好みで切ったのりを巻く。

ちょっと
おしゃれな
洋風むすび

きゅうりの古漬け炒め

材料
- きゅうりのぬか漬け（古漬け）…½本
- ごま油…大さじ½
- 白ごま…小さじ1
- しょうゆ…大さじ1

作り方

①きゅうりのぬか漬けは薄切りにする。味を見て塩辛いようであれば、水にさらして塩気を抜く。

②フライパンにごま油を入れて熱し、❶を炒める。油がまわったらしょうゆで味を調え、火をとめて白ごまを加えて混ぜる。

③手の平に塩をつけて、おむすび1個分のご飯を手の平にのせる。中央をくぼませて、❷をのせてご飯で包み握る。お好みで切ったのりを巻く。

炒めることで
コクが出る

め以子のおむすび 大阪編！

※いずれも、おむすび約6個分の分量です。

たっぷり昆布

材料

- 塩昆布（作り方はＰ79参照）…適量
- とろろ昆布…適量

作り方

①塩昆布は細かく刻む。
②手の平に塩をつけ、おむすび1個分のご飯を手の平にのせる。中央をくぼませて❶を包み握る。
③❷の表面にとろろ昆布をたっぷりつける。

やっぱりおいしい
定番おむすび

甘煮梅干し

材料

- 梅干し…4個
- 水…２００cc
- 昆布…５cm角
- 酒…10cc
- 砂糖…50g
- 濃口しょうゆ…大さじ1

作り方

①梅干しを水につけて塩分が抜けるまで数回水を換える。水気をきり、分量の水、昆布、酒を加えて火にかける。
②沸騰したら砂糖、しょうゆを加えて弱火で20分ほど煮て火をとめて冷まし、味をなじませる。
③手の平に塩をつけて、おむすび1個分のご飯を手の平にのせる。中央をくぼませて、種を取り除いた❷をのせてご飯で包み握る。お好みで切ったのりを巻く。

あま～い梅干しが
フルーツのよう

かぶと天かすの炒め煮

材料

- かぶ…½個
- 天かす…10g
- サラダ油…大さじ½
- 鰹と昆布の合わせだし…50cc（作り方はP62参照）
- みりん…大さじ1
- 淡口しょうゆ…大さじ1

作り方

①かぶは皮をむかずに5㎜の角切りにする。葉は5㎜程度に刻む。

②フライパンにサラダ油を入れて熱して❶を炒める。軽く火が通り透明になったら、だし汁・みりん・淡口しょうゆ・天かすを加え、煮汁がなくなるまで煮つめる。

③手の平に塩をつけて、おむすび1個分のご飯を手の平にのせる。中央をくぼませて、❷をのせてご飯で包み握る。お好みで切ったのりを巻く。

天かすとおむすびの意外な好相性！

水なすと干しえびの煮物

材料

- 水なす…½個
- 干しえび…3g（水100ccに6時間ほどつけておく）
- 生姜…5g
- 淡口しょうゆ…大さじ1
- みりん…大さじ1・5
- サラダ油…小さじ1

作り方

①水なすは縦に4等分にし、薄切りにして水に浸してアクを抜く。干しえびは粗く刻む。生姜はせん切りにする。

②フライパンにサラダ油を加えて熱し、生姜と水なす、干しえびを炒める。しんなりとしたら、干しえびの戻し汁を加える。淡口しょうゆ、みりんを加えて煮汁がなくなるまで煮る。

③手の平に塩をつけて、おむすび1個分のご飯を手の平にのせる。中央をくぼませて、❷をのせてご飯で包み握る。お好みで切ったのりを巻く。

えびのうまみが生きている

絶対、幸せになって
みせるから。
だから、大阪、行かせて
くれないかな？

がわがわ

たっぷりの薬味に
氷が浮いた冷たいお汁。
食べるときの音から
この名前がついたとか。
暑くて食欲のない季節に
ピッタリのお料理です。

がわがわ

材料（4人分）

- あじ…2尾
- みそ…大さじ3〜4
- 水…500cc
- 氷…300〜400g
- 生姜…1片
- しそ…6枚
- きゅうりのぬか漬け…1/2本
- みょうが…2本
- 長ねぎ…1/2本

A
- 梅干し（叩いたもの）…大さじ3
- 白すりごま…大さじ1
- 削り鰹…大さじ1

1 あじはぜいごを取り、三枚おろしにして骨を抜く。皮をはいで、粗いみじん切りにする。◎鮮魚店やスーパーなどでも、三枚おろしにしてもらえます。

2 生姜、しそ、きゅうりのぬか漬けは粗いみじん切りに、みょうがは縦半分に切って小口切り、長ねぎも小口切りにする。

3 Aを混ぜる。

4 水にみそを溶き、1と2と氷を入れて混ぜ、味をなじませる。器に盛り、3を添える。

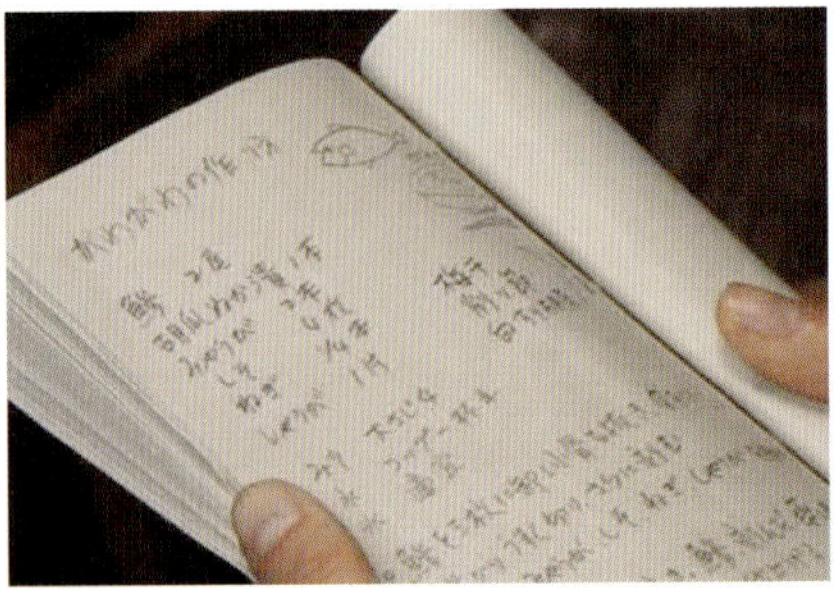

episode

お父ちゃんのために作った夏のお汁

お互いの気持ちを確認し合い、将来を約束しため以子と悠太郎。だが、大五は一度はめ以子を振った悠太郎に怒り心頭で、結婚を許そうとしない。自分がしっかりしてきたところを見せれば、大五も考えなおしてくれるのではないか……そう考えため以子が作ったのがこの料理。女学校最後の夏、親友たちと出かけた海で出会った漁師料理がヒントになった。

閉店後の開明軒で、め以子は大五にお碗を差し出し、無言で食べる大五にこう言った。

「お父ちゃん、私、がんばるから。いろいろ大変なこともあるかもしれないし、私バカだし、頼りないかもしれないけど、気に食わないって言われても、へこたれないから。ちゃんと、相手のこととか見て、ご飯作るから。ちゃんと努力するから……」

覚えといてくれよな。め以子。
俺がおまえにやれるのは、もう、
こんなもんくらいだからよ。

鶏のフォン
（フォン・ドゥ・ヴォライユ）

手間暇かけて作るから、味も格別。
西洋のおだしとして、スープはもちろん、
リゾット、カレーにも活用できます。

鶏のフォン（フォン・ドゥ・ヴォライユ）

材料（出来上がり5ℓ分）

・鶏ガラ…5羽分
・ひね鶏…1/2羽分（*ひね鶏は老鶏のこと。鶏肉店などで購入できますが、手に入りづらい場合は骨付きの鶏肉でもOK）
・にんじん…200g
・玉ねぎ…200g
・トマト…1個
・クローブ（丁字《ちょうじ》）…3本
・ローリエ（ベイリーフ／月桂樹の葉）…1枚
・パセリの茎…2枝
・セロリ…50g
・タイム…1枝
・白粒こしょう…10粒

◎8ℓくらいの鍋で作る分量です。大きな鍋が用意できない場合は、鍋に合わせて分量を調整してください。
◎スープは多めに作って小分けにし、冷凍庫で保存しておくと何かと便利に使えます。

1 鶏のガラは熱湯にくぐらせてから血の塊や肝などを取り除く。
◎魚介や肉を熱湯にくぐらせたり熱湯をかける作業を〝霜降り〟といいます。鶏ガラを大きめのボウルに入れて、上から熱湯をかけても大丈夫。血の塊などを丁寧に取り除くことで、濁りの少ないきれいなフォンになります。

2 にんじんは皮をむいて半分に切る。玉ねぎは皮をむいてクローブをさしておく。トマトはへたを取る。ローリエ、パセリの茎、セロリ、タイムはロース糸で縛ってブーケガルニを作る。

3 鍋に1、2、ひね鶏、かぶるくらいの水（分量外）、白粒こしょうを加え、強火にかける。沸騰したら弱火にしてアクと脂を丁寧に取りながら4時間ほど煮込む。◎沸かしすぎると、アクが出たり濁ったりする原因になります。弱火でじっくり煮込みましょう。

4 目の細かいザルで静かにこす。

episode

父から娘に 伝えた味

　がわがわを平らげた大五は、鶏のフォンを作るから手伝えとめ以子に言った。手順をいちいち口に出して、「家庭で作るときには……」とさりげなく説明する大五。いつの間にか厨房は、父と娘の二人きりになっていた。

「おまえ、やっぱりでけえなぁ」

「お父ちゃんが、おいしいもんばっかり作るからだよ」

　ふつふつと煮える鍋を見ながら、め以子が答える。大五はまっすぐ前を見たまま言った。

「俺、おまえになんもいいもんやれなかったからよ。できのいいオツムも、男好きする見かけも、なんもよ」「だから、せめて最高の旦那をと思っていたんだけど、おまえ勝手に見つけてきたからよ」。いつもは威勢のいい大五の声が、か細く聞こえた。

アレンジレシピ

トマトスープ鍋

卯野家に下宿することになった悠太郎の歓迎会のために、大五が作ったメニューです。

材料（4人分）

肉団子

- 合いびき肉…250g
- 玉ねぎ（みじん切り）…100g
- パン粉…15g
- 牛乳…大さじ2
- 卵…1/2個
- ナツメグ…小さじ1/2
- 塩…小さじ2/3
- 白こしょう…適量

野菜

- キャベツ…1/8玉
- にんじん…1/2本
- 玉ねぎ(中)…1/2個
- じゃがいも(メークイン)…L1個

トマトスープ

- トマト水煮缶(ホールトマト)…400g(1缶)
- 鶏のフォン…700cc
(*作り方はP56参照)
- 玉ねぎ(みじん切り)…75g
- にんにく(細かいみじん切り)…1かけ
- サラダ油…小さじ1
- ローリエ…2枚

調味料

- トマトケチャップ…大さじ1
- 砂糖…小さじ1/2
- 塩…小さじ1弱
- しょうゆ…大さじ1
- カレー粉…ひとつまみ

1 具材の野菜を準備する。にんじん、キャベツはひと口大に、玉ねぎはくし形に切る。それぞれ鶏のフォンで軽く下ゆでし、火が通ったらすくって皿に盛る。このスープは後で使用するので残しておく。
じゃがいもはひと口大に切り、塩(分量外)を加えた湯で下ゆでする。
◎野菜を煮すぎないのがポイントです。

2 具材の肉団子を作る。フライパンにサラダ油(分量外)をひき、玉ねぎを透明になるまでじっくりと炒め、常温になるまで冷ます。合いびき肉に塩を加え、粘りが出るまでよく練る。炒めた玉ねぎ、牛乳に浸したパン粉、卵、こしょう、ナツメグを加えてさらに練る。

3 肉団子をゆでる。鍋に湯を沸かし、2をひと口大の大きさに丸めて湯に落とす(スプーンを使うとうまくいく)。すべてを湯に落としてから5分間加熱したら火をとめる。そのままさらに5分置いてから団子をすくい、皿に盛る。

4 トマトスープを作る。盛りつけ用の鍋にサラダ油をひき、玉ねぎ、にんにくを入れて弱火で炒める。玉ねぎが透明になり、しんなりしたら火をとめる。

5 4にトマト水煮缶を加え、フォークの背などで粗くつぶす(トマトのへたが気になるようであれば、この時点で取り除く)。1の鶏のフォン、ローリエを加えて加熱する。調味料を加え、沸騰後5分ほど弱火で加熱してスープの出来上がり。野菜・肉団子を入れて、全体的に火が通ったらいただく。

うれしいよぉ！
わからなかったものが
わかるんだもん！
これからは私、大阪の
食べ物もどんどん
おいしくなるのよ！

夜なきうどん

（おいしいだしの取り方）

大阪うどんの決め手はだし。
夜になると現れるうどん屋台は
「夜なきうどん」と呼ばれ、
大阪庶民に愛されていた。

基本の鰹と昆布の合わせだし

材料（4人分）

- 水…1ℓ
- 昆布…15g
- 削り鰹…20g

作り方

①昆布は、かたく絞った布巾で表面を軽くふく。このとき、ごしごしこすって白い粉を取らないこと。

②分量の水の中に❶を入れてひと晩おく（時間がない場合でも最低2時間はつけましょう）。

③❷を火にかけ、沸騰直前に昆布を取り出し、少量の水（分量外。お玉1杯、約70cc）を加えて沸騰を抑える。

③削り鰹を一気に加え、煮立つ直前で火をとめる。

④アクが出たら取り除き、鰹が沈んできたら味を確認し、ペーパータオル、またはさらしを敷いたザルでゆっくり静かにこす。

◎このおだしで作ったつゆにうどんを入れれば、大阪の〝夜なきうどん〟になります。

基本の昆布だし

材料

- 水…1ℓ
- 昆布…15g

作り方

①昆布はかたく絞った布巾で表面を軽くふく。このとき、ごしごしこすって白い粉を取らないこと。

②分量の水に入れてひと晩置く。

◎時間がない場合でも最低2時間はつけ、その後火にかけて沸騰直前に昆布を取り出します。

◎だしを取った後の昆布はP79の塩昆布の材料に使えます。

め以子流昆布だし

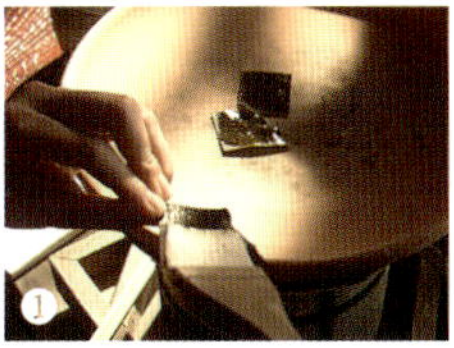

材料（4人分）

- 水…1ℓ
- 昆布…20g
- 酒…少々

作り方

①昆布を5㎝角に切り、表面に酒を塗る。

②❶を100～110℃のオーブンで約1時間、焦げないように加熱する。

◎め以子は酒を塗ってからごく弱火で焙烙《ほうろく》を使ってじっくりあぶりましたが、ご家庭ではオーブンを使ったほうが簡単です。

③分量の水に入れ、ひと晩つけておく（時間がない場合でも最低2時間はつけましょう）。

④❸を火にかけ、沸騰したら昆布を取り出す。

◎め以子はこの昆布だしに少量の塩と淡口しょうゆで味を調え、西門家のおついを作りました。

悠太郎絶賛！

「安酒が上等酒に化ける!?」昆布酒

材料

- 昆布…適量
- 熱燗（50～55℃）…適量

作り方

①昆布を3㎝角程度に切る。

②切った昆布を網の上でごく弱火であぶる。表面が少しプチプチ膨らんできたら容器に移す。

③❷に熱燗（50～55℃）を注ぎ、ふたをして1分ほど待つ。

◎温かいお酒に昆布の風味と香ばしさがプラスされ、ひれ酒のようなうまみがあります。寒い冬にぜひどうぞ。余った昆布酒は料理酒としてお使いください。

episode

夜なきうどんで知った関西のだし

悠太郎とともに大阪に向かっため以子は、西門家で義母の静《しず》、義姉の和枝《かずえ》、義妹の希子《のりこ》と同居することになった。しかし和枝から「一年間は女中として扱う」と告げられた上、作った食事はけなされ、大事なぬか床は捨てられそうになるなど、数々のいけずをされる。たまらず家を飛び出すと、勤め帰りの悠太郎とばったり出会い、二人で屋台のうどん屋に入った。

ひと口つゆを飲んだめ以子は、あれっと首をかしげた。これがうどん？　味が薄い気がするが、悠太郎も他の客もうまそうに食べている。

関東と関西の味の違いを知っため以子は、舌を慣らそうと数日間の絶食をし、ようやく昆布だしのうまさを理解する。そして昆布で試行錯誤を重ね、ついに「西門の味」である昆布だしのお汁《つい》を習得するのだった。

みそ汁からスープまで

卯野家のお汁《つゆ》

揚げなすとみょうが

材料（2人分）
- なす…1本
- みょうが…3個
- みそ（田舎みそがおすすめ）…30g
- 鰹と昆布の合わせだし…400cc（作り方はP62参照）

作り方
①なすはひと口大の乱切りにして水にさらす。水気をふき取り、170℃の油で揚げる。
②みょうがは縦に4分の1に切る。
③だし汁を火にかけ、沸騰したら❶❷を加えてひと煮立ちさせ、みそを溶き入れる。

うまみと薬味のハーモニー

小松菜と油揚げ

材料（2人分）
- 小松菜…1/4束
- 油揚げ（油抜きをする）…1/2枚

水…500cc
煮干し…15g
昆布…3g
- みそ（田舎みそがおすすめ）…30g

作り方
①煮干しは頭と内臓を取り、さっと洗い、昆布と一緒にひと晩水につける。
②❶をそのまま火にかけ、沸騰したらすぐに火をとめてアクを取り、ペーパータオル、またはさらしを敷いたザルで静かにこす。
③小松菜は3cmに、油揚げは食べやすい大きさに切る。
④❷を火にかけ、沸騰したら小松菜の茎、葉の順に入れ、油揚げも加える。
⑤みそを溶き入れる。

おみそ汁の定番！

せん切り野菜のチキンスープ

野菜たっぷりで
栄養満点

材料（2人分）
- 玉ねぎ…1/4個（80g）
- キャベツ…20g
- にんじん…15g
- セロリ（茎の部分）…20g
- 鶏のフォン…400cc
（作り方はP56参照）
- バター…5g
- 塩…小さじ1/3（味を見て調節）
- 白こしょう…少々
- パセリ…適量

作り方

①パセリ以外の野菜はすべて長さ4cmほどのせん切りにする。

②鍋にバターを入れて溶かし❶の野菜を炒める。野菜がしんなりとしたら鶏のフォンを加えてひと煮立ちさせ、塩・こしょうで味を調える。

③皿に盛りつけ、刻んだパセリを散らす。

えんどう豆のグリーンスープ

春の香り漂う
ポタージュ

材料（2人分）
- 玉ねぎ…40g
- じゃがいも…100g
- バター…10g
- えんどう豆（むき身にして下ゆでしたもの。冷凍グリーンピースでも可）…100g
- 鶏のフォン…300cc
（作り方はP56参照）
- 牛乳…100cc
- 塩…小さじ1/2
- 生クリーム…大さじ2

作り方

①玉ねぎとじゃがいもはそれぞれ薄切りにし、じゃがいもは水にさらす。

②鍋にバターを入れて溶かし、玉ねぎをしんなりするまで炒めたら、水きりしたじゃがいもを加える。全体に油が回ったらえんどう豆と鶏のフォンを加える。

③ひと煮立ちしたら弱火にし、5分間煮る。

④❸をミキサーに入れ、滑らかな状態になるまでミキサーにかける。

⑤洗った鍋にこし器を重ねておき、❹をこす。

⑥❺を火にかけ、牛乳を加える。塩で味を調え、鍋肌から沸騰してきたら生クリームを入れる。

大阪の伝統が生きる

西門家のお汁《つい》

寒い日にも、
からだがポカポカ温まる

から汁

材料（2人分）

- 青ねぎ…½束
- 油揚げ（油抜きをする）…½枚
- 鰹と昆布の合わせだし…400cc（作り方はP62参照）
- 白みそ…120g
- おから…40g

作り方

①青ねぎは寒風にひと晩さらし、甘みを出す。洗って3㎝の長さに切る。

②油揚げは食べやすい大きさに切る。

③だし汁を火にかけ❷を加える。白みそを溶き入れ、おからと❶を加える。

八杯でも食べられるから、
別名"八杯豆腐"

豆腐と油揚げの煮干しおつい

材料（2人分）

- 豆腐…½丁
- 油揚げ（油抜きをする）…1枚
- 水…450cc
- 煮干し…20g
- 昆布…5g
- 淡口しょうゆ…25cc
- 砂糖…25cc
- 生姜…適量

作り方

①煮干しは頭と内臓を取り、さっと洗い、昆布と一緒に水にひと晩つける。

②❶をそのまま火にかけ、沸騰したらすぐに火をとめてアクを取り、ペーパータオル、またはさらしを敷いたザルで静かにこす。

③豆腐と油揚げは食べやすい大きさに切る。

④生姜はすりおろす。❷に砂糖、しょうゆを入れて味を調え、❸を煮る。おろし生姜をたっぷり入れて、器に入れる。

じゃがいもの団子汁

モチモチした触感が最高

材料（2人分）

- じゃがいも（すりおろした状態）…200g
- 小麦粉…大さじ4
- 塩…小さじ$\frac{1}{4}$
- 青ねぎ…2本
- にんじん…50g
- ごぼう…90g
- こんにゃく…50g
- 鰹と昆布の合わせだし…450cc（作り方はP62参照）
- 塩…ひとつまみ
- 淡口しょうゆ…小さじ$\frac{1}{2}$　・みりん…5cc

作り方

①じゃがいものすりおろしをザルにあける。適度に水気をきったらボウルに入れ、小麦粉、塩を加えて混ぜる。

②こんにゃくは下ゆでして短冊切りにし、にんじん、ごぼう、青ねぎも同じくらいの大きさに切る。

③鍋にだしを入れて軽く沸騰したら、❶をスプーンですくって団子状にして落とす。◎はじめは煮くずれたようになるが、これが汁のとろみになる。

④じゃがいも団子に透明感が出たら、ごぼう、にんじん、こんにゃくを入れて弱火で10分煮る。塩、淡口しょうゆ、みりんで味を調え、最後に青ねぎを加える。

船場汁

商人の街・船場を代表する始末の料理

材料（2人分）

- 塩鯖のアラと身…$\frac{1}{2}$尾分
- 昆布だし…1ℓ（作り方はP62参照）
- 大根…100g
- 生姜のしぼり汁…少々
- 酒…15cc
- 塩…適量
- 淡口しょうゆ…小さじ$\frac{1}{4}$

作り方

①鯖のアラは適当な大きさに割り、身は食べやすい大きさに切る。

②大根は皮をむいて食べやすい大きさに切る。

③❶をさっと熱湯にくぐらせて霜降りしたら、水気をきって昆布だしの中に入れて火にかける。沸騰したらアクを取り、大根を加える。

④鯖、大根に火が通ったら酒、塩、淡口しょうゆで味を調える。

⑤器に盛り、生姜のしぼり汁をかける。

◎身を食べ終わったあとの塩鯖を利用してもOKです。

め以子が語る 東京の味・大阪の味

大阪に嫁いだときから、こっちの食べ物って、なんか違うな、味薄いなって思ってたんですよね。味の違いに気付いてからは、大阪の食べ物もどんどんおいしくなったけれど。ここでは、東京の味と大阪の味の違いについて、解説していきますね。

①鰹だし・昆布だし

まずは、おだし。鰹だしの関東に対して、関西は昆布だしが基本。これは関東の水に比べて関西の水の硬度が低く、昆布の味が出やすいことが影響しているようです。昆布だしは鰹だしよりもまろやかなので、お野菜や豆類、いも類を煮るのに使うと、素材のおいしさが引き立ちます。

昆布はグルタミン酸、削り鰹はイノシン酸とそれぞれ違ううまみ成分があるので、この2つを使った合わせだしはうまみ成分の相乗効果で、うまみがグンと強くなります。

②濃口しょうゆ・淡口しょうゆ

しょうゆと言えば濃口しょうゆが当たり前だと思っていたけれど、大阪の西門家では淡口しょうゆを使っています。うどんやおそばのおだしを見ると、違いは一目瞭然ですね。関西のおうちでは、濃口と淡口を使い分けることも多いようです。淡口しょうゆを使うと、素材の色や風味が生かされ、また濃口しょうゆよりも塩分がやや高めなので色のわりに味がしっかりつきます。

③白みそ・赤みそ・合わせみそ

「関東の赤みそ、関西の白みそ」と言われるように、関西ではみそといえば白みそを指します。赤みそ・白みそは、主に熟成期間に関係します。赤みそは熟成期間が長く、塩分濃度も高くなり、白みそは熟成期間が短く、塩分濃度も低くなります。ちなみに大阪のお雑煮は白みそベースで餅は丸餅なのに対し、関東ではしょうゆベースのおすましに角餅です。

①

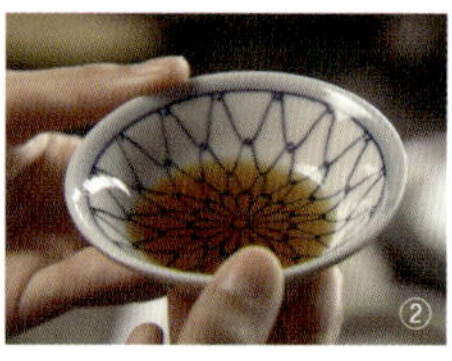
②

③

④三角おむすび・俵おむすび

東京では当たり前の三角おむすびが、不祝儀とされてしまうなんて……ショックでした。どうして東西で形が違うかについては諸説あるらしいですが、武士の町・江戸ではおむすびを携帯食として持ち歩くため、少し力が入って握りやすく、崩れにくい三角にしていたとか。

大阪のおむすびが俵型なのは、芝居見物が盛んで、幕間にお弁当を食べるときに箸でとりやすくするためだとか、大阪は商人の町だから米俵や小判に見立てて縁起を担いだ……などという説があります。一方で、大阪の地域によっては法事やお葬式などで近所の主婦たちがおむすびを作るときには、形づくりが早く、しっかり握れる三角だったとか、魔除けの形とか、死装束の頭巾の三角に見立てたとか、こちらもいろいろな説があるようです。

⑤鰻・初鰹・鯛・鰯

関東では鰻は背開きしますが、関西では腹開きにします。これは武士の町・江戸では切腹を嫌い、商人の町大阪では腹を割って話すからだという、なんとも面白い説があります。鰻は東京では頭を切り落としてから焼きますが、大阪では頭をつけたままタレにつけて焼きます。だから鰻の頭（半助）がお料理にも使われるんですね（P74参照）。

ところで、私が初鰹を買ったときには、お義姉さんに「西には明日には半値になるものを有り難がって高い銭払う阿呆はおらんだす」って言われました。魚島季節《うおしまどき》も鯛が豊漁で値段が安くなる春先。安くておいしい時期を逃さずに味わうのが、大阪流なんですね。

ちなみに大阪では新鮮な鰯のことを「手々かむ鰯」と言います。手を噛むほどに新鮮、という意味で、大阪らしいユニークな言い方です！

では最後に、大阪名物ちょぼ焼きのレシピをご紹介します。小さな穴が開いたハガキくらいの大きさの鉄板に、水で溶いた粉と具を入れて焼いたもの。たこ焼きもこのちょぼ焼きから生まれたと言われています。

②-③

④

⑤

ちょぼ焼き

材料（5枚分）

- たこ焼き用粉…50g
- 水…100cc
- たくあん漬け（粗いみじん切り）
…大さじ1
- こんにゃく
（粗いみじん切り
下ゆでをしておく）…大さじ1
- 紅生姜（みじん切り）…小さじ½
- 青のり…適量
- 淡口しょうゆ…適量
- サラダ油…適量

1 生地を作る。ボウルにたこ焼き粉を入れ、水を入れてダマがないように混ぜる。

2 ちょぼ焼き器に焼けた炭をセットして、焼き板を温めて油をなじませる。

3 煙が出ない程度に焼き板が温まってから生地を入れる。具材を少量ずつ散らして生地の裏面が乾いてきたら、ちょぼ焼き器の下段に入れて上面をしっかり焼く。

4 しょうゆを刷毛でサッとぬって器に盛る。

◎ソースでもおいしくいただけます。
◎ちょぼ焼き器は大阪の調理道具屋さんで売っています。手に入らない場合は、フライパンでも作れます（ちょぼ焼きの形にはなりませんが）。

第3章

め以子と師匠の始末の料理

大阪に嫁いで初めて知った関西の味と始末の精神。
師匠が教え、め以子が体得していった
食材を無駄なく、おいしく使い切るための
知恵とレシピをご紹介します。

またおいで。め以子さん。
あんたの食いっぷりには、
こっちの方が
幸せになるよって。

半助豆腐

普通は捨ててしまう鰻の頭が、
大阪では立派な料理に。
これぞ、始末の料理です。

半助豆腐

材料（2人分）

- 半助（鰻のかば焼きの頭）…6個
- もめん豆腐…1/3丁
- 青ねぎ…1束
- 昆布だし…300cc
（作り方はP62参照）
- 酒…50cc
- みりん…50cc
- 淡口しょうゆ…40cc
- 粉山椒…適量

1 昆布だしを火にかけ、酒、みりん、淡口しょうゆを加える。

2 豆腐は食べやすい大きさに切る。青ねぎは3cmの長さに切る。

3 1に半助を加えてだし汁に鰻の味が出たら豆腐を加える。煮立ったら青ねぎを入れ、青ねぎがしんなりと柔らかくなったら火をとめる。

4 お好みで粉山椒を振る。
◎鰻のかば焼きの頭は鰻屋さんで入手できます。
◎師匠はおからと野草を使ってほとんどお金のかからない半助鍋を作りましたが、ここでは昔ながらの半助豆腐をご紹介しました。おからで作るときには、しょうゆは少なめにしてください。

episode

大阪料理の神髄、始末の知恵

「銭かけたら、おいしいご飯なんぞ誰でもできます。銭をかけずに『世界一』おいしいご飯が食べとおす」

和枝からの無茶な要求に頭を悩ませていため以子は、幼馴染の源太にある人を紹介される。「ほうるもんじいさん」と呼ばれるその人は、捨ててしまうようなものでおいしい料理を作る名人だった。

彼の作る半助鍋のおいしさに感動しため以子は、彼を「師匠」と呼び、大阪料理の神髄《しんずい》ともいえる「始末の知恵」を学んでいく。

ちなみに「始末」とは、始めと末（終わり）がしっかりしていることを指す。単に安くあげることでなく、食材をすべて無駄なく、おいしく、きれいに使いきることこそが、大阪の始末の料理なのだ。

牛ホルモン煮込み

圧力鍋を使えば調理時間が短縮。
とろける柔らかさに仕上がります

材料（作りやすい分量）

- 牛ホルモン（大腸、小腸等いろいろ）…５００g
- 生姜…30g
- 昆布だし…５００cc
（作り方はＰ62参照）
- 酒…１００cc
- みりん…30cc
- 砂糖…大さじ1
- 淡口しょうゆ…50cc
- 一味唐辛子…適量

1 牛ホルモンは適当な大きさに切り、下ゆでして水にさらす。ザルにあげて水気をしっかりきる。生姜はせん切りにする。

2 1、昆布だし、酒を圧力鍋に入れて火にかける。圧力鍋のピンが上がったら弱火にして10分加熱し、火をとめる。

3 圧力鍋のピンが下がったらみりん、砂糖、淡口しょうゆで味を調える。

4 器に盛り、お好みで一味唐辛子をかける。

塩昆布

だしを取った昆布も、
ひと手間でおいしい保存食に

材料（作りやすい分量）

- だしがら昆布…250g
- 山椒の水煮…10g
- 水…1ℓ
- 酢…大さじ2
- 砂糖…60g
- みりん…大さじ1
- 濃口しょうゆ…50cc
- たまりしょうゆ…大さじ1

1 昆布は2㎝の角切りにする。

2 1の昆布と水、酢を鍋に入れて火にかけ、沸騰したら弱火にして昆布が柔らかくなるまで煮る。

3 砂糖、みりんを加え、少し煮詰めてから濃口しょうゆと山椒の水煮を加える。

4 煮汁がなくなりかけたら、たまりしょうゆを加え、さらに煮汁がなくなるまで煮詰める。
◎冷蔵庫で保存すれば、2週間ほどおいしくいただくことができます。

干しタケノコとそら豆の山椒炒め煮

保存がきき、うまみも栄養も凝縮された乾物は、
始末の料理の定番

材料（作りやすい分量）

- 干しタケノコ…30g
- 干しそら豆…70g
- 山椒の水煮…小さじ1
- サラダ油…大さじ1
- 酒…大さじ1
- 砂糖…大さじ3
- 濃口しょうゆ…大さじ3

1 干しタケノコ、干しそら豆はそれぞれひと晩水につけて戻す。

2 戻したタケノコはさっとゆで、水にさらす。そら豆は柔らかくなるまでゆで、皮をむく。

3 鍋にサラダ油を加えて熱し、2のタケノコを炒める。油が回ったら2のそら豆を加え、山椒の水煮、酒、砂糖、濃口しょうゆを加えて汁気がなくなるまで炒める。

◎干しタケノコ・干しそら豆はスーパーや乾物店で入手できます。

干しタケノコ

鯛の酒盗（焼きかぶら添え）

おつまみにはもちろん、
チャーハンやポテトサラダの隠し味など、調味料としても

材料
・鯛の内臓…適量
・塩…適量

鯛の内臓

1 鯛の内臓のうち、胆のうや心臓は取り除く。胃袋、腸などは、袋を割いて内側のぬめりをこそげるようにしごく。未消化内容物の残りなどもしっかり取り除く。きれいに洗い、キッチンペーパーでふく。

2 1の分量の1～2割の塩を加えて、清潔な容器に移し、塩漬けにする。

3 半日～1日ほど常温におき、発酵を促す。

4 冷蔵庫に入れ、1週間ほど毎日かき混ぜる。2週間以降からいただけるが、半年ほどおくと、さらに熟成がすすんでおいしくなるので、おすすめ。

［焼きかぶら添えにアレンジ］
・鯛の酒盗（腸の塩辛）
・かぶら…1個　・柚子…1個
・酒…適量

かぶらは2～3㎜の薄切りにしておき（皮は柔らかければついたままでよい）、数滴酒を振って、網の上で両面焼く。少し焼き目がついたら鯛の酒盗をのせて柚子のしぼり汁をジャッとかけて出来上がり。

魚島季節《うおしまどき》のごちそう

（鯛料理いろいろ）

古くからおめでたい魚として親しまれてきた鯛。おいしく食べ切る始末の料理をご紹介します。

贅沢鯛ご飯

鯛潮汁《うしおじる》

鯛とろろ汁

鯛ごましょうゆ和え

きれいに始末したなぁ。
隅から隅まで使い切って、
こういうの始末がええ言うねん

贅沢鯛ご飯

材料（4人分）

- 鯛の身…1尾分
- 鯛のアラ…1尾分
- 鯛の頭、中骨（飾り用）…1尾分

＊いずれも1尾あたり1・2kg程度のもの

◎鮮魚店やスーパーなどで頼むと、頭・中骨・身に分けておろしてもらえます。

- 水…1ℓ
- 昆布…10g
- 酒…大さじ1
- みりん…大さじ1
- 淡口しょうゆ…大さじ½
- 塩…小さじ½
- 米…3合
- 木の芽…適量
- 塩…適量

1 鯛のアラを200℃のオーブンで20分焼く。米は研いでザルにあげておく。

2 1のアラを鍋に入れ、昆布、水を加えて火にかける。沸騰したら弱火にし、アクを取りながら5分ほど煮る。酒、みりん、淡口しょうゆ、塩を加えて調味する。火をとめてペーパータオルかさらしなどでこし、あら熱をとる。

3 研いだ米と2を土鍋に入れて蓋をし、強火で炊く。湯気が出てきたら弱火にし、13分ほど火にかける。

4 鯛の身を食べやすい大きさに切る。飾り用の鯛の尾頭と共に塩を振って200℃のオーブンで身は6分、鯛の頭、中骨（飾り用）は20分焼く。

5 3が炊き上がったら4の尾頭を盛って身を飾り、木の芽を添える。◎食べるときには飾り用の頭と中骨をよけて、身とご飯をよく混ぜていただきます。

◎飾り用の頭と中骨は、P86の潮汁のだしとしても使えます（手順4から作りはじめて下さい）。

鯛五色揚げ

材料（約4人分）

- 鯛…1尾（1・2kg程度のもの）
- 塩…適量
- 揚げ油…適量
- 薄力粉…適量
- 卵白…2個分
- 黒ごま…適量
- 桜でんぶ…適量
- 青のり…適量
- カレー粉…適量

1 おろした鯛は、頭・中骨・身にそれぞれ軽く塩を振って20分ほどおき、水分をふき取る。

2 1の頭と中骨の尾やひれに塩を振り（化粧塩）、200℃のオーブンで20分焼く。

3 1の身をひと口大に切り、5等分して以下それぞれ調理する。
［プレーン味］薄力粉を薄くつける。170℃の油で揚げ、塩を振る。

［カレー味］薄力粉とカレー粉を1対1の割合で混ぜたものを薄くまぶす。170℃の油で揚げ、塩を振る。

［青のり味］薄力粉を薄くつけて卵白にくぐらせ、青のりをつける。170℃の油で揚げ、塩を振る。

［桜でんぶ味］薄力粉を薄くつけて170℃の油で揚げる。桜でんぶをつけて塩を振る。

［黒ごま味］薄力粉を薄くつけて卵白にくぐらせ、黒ごまをつける。170℃の油で揚げ、塩を振る。

4 皿に2の頭と中骨の尾を置き、3を彩りよく盛りつける。

鯛潮汁

材料（4人分）

- 鯛のアラ…2尾分（1尾あたり1・2kg程度のもの）
- 水…1・2ℓ
- 昆布…15g
- 酒…30cc
- 山うど…1/4本
- 塩…小さじ1/4
- 淡口しょうゆ…小さじ1/3
- 木の芽…適量

1 鯛のアラは器に入る大きさに切り、軽く塩をして1時間ほどおく。
◎アラを切る作業は鮮魚店などでもしてもらえます。

2 山うどは皮をむいて食べやすい大きさに切り、塩ゆでする。

3 1に沸騰する直前くらいの湯（分量外）を注ぐ。表面が白くなったら冷水に入れ、うろこやぬめり、血を取り除いてから水気をきる。
◎この作業を〝霜降り〟といいます。

4 鍋に分量の水と3、昆布と酒を入れて強火にかける。沸騰したら火を弱め、アクを取りながら7〜8分ほど煮てアラを取り出し、椀に盛りつける。

5 アラを取り出しただし汁をペーパータオルやさらしなどでこし、2の山うどを加えて火にかけて温め、塩と淡口しょうゆで調味する。

6 椀に5を注いで木の芽を添える。

鯛とろろ汁

材料（2人分）
- 鯛の身（お造り用）…80g
- 山芋（すりおろしたもの）…80g
- 昆布だし…200cc（作り方はP62参照）
- 塩…適量
- 淡口しょうゆ…小さじ1
- 青のり…ひとつまみ
- 黒こしょう（あら挽き）…ひとつまみ

作り方

①鯛の身は粗いみじん切りにする。

②❶をすり鉢に入れてする。山芋、だし汁を少しずつ入れて、よくなじませる。塩と淡口しょうゆで調味する。

③器に盛り、青のり、黒こしょうを散らす。

◎白いご飯にかけてもおいしくいただけます。

鯛ごましょうゆ和え

材料（2人分）
- 鯛の身（お造り用）…100g
- 白ごま…大さじ1 1/2
- 濃口しょうゆ…20cc
- 酒…10cc
- みりん…10cc
- わさび…適量

作り方

①鯛の身は食べやすい大きさに切る。

②白ごまは粒が半分に割れる程度まですり鉢ですり、しょうゆ、酒、みりんを加える。

③❶を❷で和え、わさびを添える。

◎白ご飯にのせてもみのりを散らしたり、卵黄と混ぜてユッケ風にしたり、煎茶やだし汁をかけて鯛茶漬けとしても、おいしくいただけます。

鯛せんべい

材料（作りやすい分量）

・鯛の身…100g
・薄力粉…大さじ1
・片栗粉…大さじ1
・揚げ油…適量
・粉山椒、七味唐辛子など…適量
・塩…適量

身

作り方

①鯛の身は薄くそぐように切り（そぎ切り）、片栗粉と薄力粉を合わせたものをまぶして、すりこぎなどで叩いて薄くのばす。

②165℃の油でカリッとなるまで揚げる。

③塩を振って、お好みで粉山椒や七味唐辛子などをかける。

鯛障子焼き

材料（作りやすい分量）

・鯛の中骨…1尾分
・淡口しょうゆ…15cc
・酒…15cc
・みりん…30cc
・卵黄…1個分
・黒ごま…適量
・塩…適量

中骨

作り方

①鯛の中骨はひれを取り除いて食べやすい大きさに切り、軽く塩を振って20分ほどおく。水で洗い、水気をふく。

②しょうゆ、酒、分量の半分のみりんを合わせ、❶を5分ほど漬ける。

③❷を魚焼きグリルなどで焼く。途中で一回刷毛で❷の漬け汁を塗り、両面を焼く。

④表面が乾いたら卵黄と残りのみりんを合わせたものを塗り、両面を焼いて黒ごまを振る。

◎骨と骨の間の身を食べます。

鯛えら唐揚げ

材料（作りやすい分量）

・鯛のえら…2尾分
・揚げ油…適量
・塩…適量

作り方

①鯛のえらは包丁でしごいて余分なぬめりなどを取り除き、白っぽくなるまで水にさらす。

②❶の水分をふき取り、165℃の油でカリッとなるまで揚げて軽く塩を振る。

鯛のえら（洗浄前）

鯛のえら（洗浄後）

episode

始末の精神を
タイ得！

鯛が産卵のためにどっと押し寄せてくる春先は「魚島季節《うおしまどき》」と呼ばれ、大阪の船場《せんば》あたりでは日ごろお世話になっている方々に鯛を贈る風習があった。

め以子は和枝に魚島季節の挨拶まわりを頼まれて張り切るが、またしても和枝のいけずに遭い、ご近所から鯛を受け取ってもらえない。しかもお返しの鯛は続々と届き、西門家の台所は山のような鯛であふれた。

困っため以子は師匠のところに駆け込み、鯛料理について教えを受ける。静や希子にも手伝ってもらい、頭から尾っぽ、内臓やえらまできれいに調理した。勤め先から帰ってきた悠太郎はその様子を、「始末がいい」と表現する。その言葉を聞いため以子は、始末の精神の本当の意味を知るのだった。

梅の仕事はええよ。
みんなで楽しうやれてな

梅仕事

完熟梅や赤じそは、6月の上旬あたりからスーパーや青果店に出回ります。家族みんなで、梅仕事を楽しんでみませんか？

梅干し（塩分13％）

材料（作りやすい分量）

〔梅干し〕

- 完熟梅…2kg
- あら塩…260g
- ホワイトリカー…200cc

〔赤じそ漬け〕

- 赤じそ…200g
- あら塩…35g

用意する道具

- 容器
- 押し蓋（落とし蓋）
- 重し（梅の重量の2倍・同量・1/3のもの）

*道具はあらかじめ煮沸するか、ホワイトリカーでふいて消毒しておく。

作り方

下漬け（6月上旬〜下旬）

①梅は洗ってしっかり水気をふき取る。

②梅のなり口についているヘタを竹串で取り除く。このとき、梅を傷つけないように注意する。

◎この作業をしないと渋い梅干しになります。また、傷があるとカビの原因になります。

③容器にあら塩を振り、塩と梅を交互に入れていく。最後の塩は多めに振り、ホワイトリカーを全体的にまわしかける。

④押し蓋をして梅の重量の2倍の重しを全体に均一にかかるようにのせ、ホコリがつかないよう覆いをして2〜3日おく。汁（梅酢）が上がってきたら、梅の重量と同量の重しに換える。

赤じそ漬け
（6月下旬〜7月上旬）

⑤赤じそは葉だけを茎から摘み取り、洗ってしっかり水気をきる。

⑥ボウルに❺と分量の半分のあら塩を振り入れ、塩をしその葉になじませてからよく揉む。濃い紫色の汁が出てくるが、これはアク。手でしっかり絞ってアク水は捨てる。

⑦ボウルをきれいに洗って❻のしそを戻す。残り半分の塩をまぶして再びよく揉み、アク水を絞り出して捨てる。

⑧❹から少量の梅酢を取り出し、❼と合わせてしその葉をほぐす。梅酢が赤く染まったら（赤梅酢）、しそを梅の上にまんべんなくのせ、赤梅酢も梅の容器に戻す。

⑨押し蓋をして、重し（梅の重量の⅓のもの）をし、ホコリが入らないようにビニールなどで容器を覆い、冷暗所に保管する。ビニールを外さずにマメにカビのチェックをする。

土用干し
（7月下旬〜8月上旬）

⑩晴天が3〜4日続きそうな日を選び、ザルの上に重ならないように梅を1個ずつ並べる。赤じその葉も梅酢を絞ってからほぐしてザルにのせる。

⑪屋外の日当たりと風通しのよい場所に置く。一日1回は裏返して全面をまんべんなく干し、夜間や雨天には屋内に取りこむようにする。

◎万が一、途中で雨が降ってしまったら、いったん赤梅酢に戻して晴れるのを待ちます。

⑫3日目、赤梅酢が入った容器をビニールやラップで覆い、日光に当てて消毒する。

◎梅酢の発色がよくなる効果もあります。

⑬梅が干しあがったら温かいうちに梅酢に戻し、梅の上に干した赤じそを戻す。直接手で触らずに箸や手袋を使うこと。

⑭容器を回して梅酢が全体にいきわたるようにする。

◎2週間ぐらいで梅酢がなじみ、食べごろになります。きちんと作れば、何年も保存がききます。

◎余った赤梅酢は、清潔なビンなどで保存しておきましょう。漬物の漬け汁などに活用できます。

梅のシロップ漬け

材料（作りやすい分量）

・梅…１kg
・氷砂糖…１kg

用意する道具

・保存ビンなど
（＊煮沸するかホワイトリカーでふくなどして消毒しておく）

作り方

①梅は洗って、しっかり水気をふき取る。
②梅のなり口についているヘタを、竹串を使って梅を傷つけないように取る。
③容器に梅と氷砂糖を交互に入れ、蓋をして日の当たらない冷暗所で保存し、１～２週間おく。

◎青梅、完熟、半熟、それぞれおいしいシロップ漬けができます。いろいろ試してみてください。
◎梅シロップは水や炭酸で割ってジュースに、かき氷のシロップに、調味料にと楽しめます。

梅酒

材料（作りやすい分量）

・青梅…１kg
・ホワイトリカー…１升（１・８ℓ）
・氷砂糖…６００ｇ

用意する道具

・保存ビンなど
（＊煮沸するかホワイトリカーでふくなどして消毒しておく）

作り方

①梅は洗って、しっかり水気をふき取る。
②梅のなり口についているヘタを、竹串を使って梅を傷つけないように取る。
③容器に梅と氷砂糖を交互に入れ、ホワイトリカーを注ぐ。蓋をして冷暗所で保存し、半年くらいおく。

◎早いうちはさっぱりとした味わいがあり、時間をおくと深みを増してきます。手作りならではの変化を楽しんでみてください。

episode

みんなで「ほじほじ」梅仕事

師匠に大量の梅をもらっため以子は、日曜日に西門家みんなで梅仕事をしようと提案する。梅干し、砂糖漬け、梅ジャム、梅肉エキス、梅みそ、梅酒、そして希子用の甘い梅干し。作りたいものはいろいろだが、何を作るにも梅のなり口についているヘタを竹串で取り除く「ほじほじ」の作業が必要になる。

　家族そろって楽しく梅仕事をしようと思っていため以子だが、和枝はめ以子との約束を反故《ほご》にして一人で外出してしまう。自分はそんなに嫌われているのかと落ち込むめ以子に、悠太郎は「ほじほじ」しながら、め以子が悪いのではなく、和枝がかつて嫁ぎ先で受けた仕打ちと同じことをしているだけだと語り、希子は「ほじほじ」しながら、それを聞いていた。

焼氷

コーヒーと梅の意外なハーモニー。
世にも不思議な焼氷♪　うま介印の焼氷♪

材料（2人分）

〔シロップ〕
- 濃いめに淹《い》れたコーヒー…100cc
- 砂糖…80g
- 梅シロップ…適量（作り方はP94参照。冷やしておく）

〔メレンゲ〕
- 卵白…1個分
- 砂糖…小さじ1
- ブランデー…大さじ1
- 梅の甘露煮…2個
- 氷…適量

1 濃いめに淹《い》れたコーヒーと砂糖を小鍋に入れてひと煮立ちさせ、あら熱をとり、冷蔵庫で冷やしておく。

2 卵白と砂糖をボウルに入れ、泡立て器で6分立てに泡立てる。

3 器に、冷やした梅シロップ、かいた氷、冷やした梅シロップ、かいた氷と2段重ねし、さらに冷やしたコーヒーシロップ、メレンゲをのせる。

4 メレンゲの上にブランデーをかけ、楊枝にさした梅の甘露煮を添える。火をつけて楽しみ、火が消えてからいただく。
◎火の取り扱いにはご注意ください。
◎「焼氷」は100年ほど前に実在した料理ですが、当時の作り方に関しては不明な点が多いため、この「焼氷」はドラマのオリジナルです。

episode

家出、駆け落ち、流行らない喫茶店

亡くなったと聞いていた悠太郎の父は生きていた。そして、それはめ以子が「師匠」と慕っていた正蔵《しょうぞう》だった。悠太郎によると、正蔵は悠太郎の母が亡くなってすぐに「新しい母親」として静を連れてきた挙げ句、静と和枝の諍《いさか》いに耐えられず家出した。以来、西門家の人々は、正蔵を「死んだもの」としてきたという。正蔵と西門家の仲を取り持ちたいめ以子だが、悠太郎には「今後も（正蔵と）会うというならこの家を出て行ってもらうしかない」と言われる。

同じ頃、女学校時代の親友・桜子が小説家志望の室井《むろい》と駆け落ちして大阪にやってくる。さらに義妹の希子もめ以子と共に家を飛び出してきた。4人は源太の口ききで「うま介」という喫茶店の2階で世話になることになり、ついでにメニューの改良に取り組むのだった。

ネーミングだけじゃない？

うま介のおもしろメニュー

桜子に「名前負けしている」と言われてしまったうま介のメニューを再現。シンプルながら、意外においしい!?

ミソポタミアカレー

材料（4人分）

〔カレールー〕

- 牛肉（かたまりをひと口大に）…250g
- 玉ねぎ（中）…1½個
- にんじん…1本
- 市販のカレールー…約100g（パッケージ表示の4人分に従う）
- 水…1・2ℓ
- ローリエ…1枚
- サラダ油…大さじ2
- 塩・こしょう…少々

〔白みそだれ〕

- 水…大さじ3
- 白みそ…大さじ3

- ご飯…好みの分量（※写真はターメリックを加えて炊いています）

作り方

①玉ねぎは薄くスライスする。にんじんはひと口大の乱切りにする。牛肉は塩、こしょうで下味をつける。
②フライパンにサラダ油を半量入れ、玉ねぎを弱火できつね色になるまで炒める。
③フライパンに残りのサラダ油を入れ、牛肉全体に焼き目をつける。
◎焼き目がつくまで、牛肉を動かさないのがポイントです。
④鍋に分量の水、❷、❸、ローリエを入れて火にかける。沸騰したら弱火にし、アクをこまめにすくいながら約1時間、牛肉が柔らかくなるまで煮る。
⑤❹ににんじんを加え、5分ほど煮る。
⑥いったん火をとめ、カレールーを割り入れ、木しゃもじでルーを溶かすように混ぜる。
⑦再び火をつけ、鍋底が焦げ付かないように混ぜながら20分ほど弱火にかける。
⑧白みそだれを作る。ボウルに白みそを入れ、水を少しずつ加えてよく溶く。
⑨皿にご飯、カレーを盛りつけ、❽の白みそだれをお好みでカレーの上にかける。

みそがミソ！
ご自宅のカレーでも
お試しを

カスタード巻き

材料（15㎝×10㎝の卵焼き器で6枚分）

〔カスタードクリーム〕
- 牛乳…200cc
- 卵黄…2個
- 砂糖…25g
- 薄力粉…25g
- バニラエッセンス…少々

〔生地〕
- 薄力粉…100g
- 水…150~170cc
- 塩…少々
- サラダ油…適量

どこか懐かしい
素朴なおいしさ

作り方

①カスタードクリームを作る。ボウルに卵黄と砂糖を入れて泡立て器ですり混ぜる。白っぽくなったら薄力粉をふるい入れ、さらに混ぜる。
②鍋に牛乳を入れ、沸騰直前まで温め、火を止める。
③❶に❷を少しずつ加えて、そのつどよく混ぜる。
④❸をきれいな鍋に入れ、中火にかける。鍋底を均等にしっかりと混ぜ、焦げ付かないように注意する。沸騰して大きな泡が出てきたら、さらに2分ほどしっかりと混ぜ、バニラエッセンスを加える。
⑤バットに❹を手早く流し入れ、できるだけ薄く広げる。空気が入らないようにしっかりとラップをかけ、バットの底に氷水をあてて急冷する。
◎これでカスタードクリームが完成です。カスタードクリームは非常に傷みやすいのであら熱がとれたら冷蔵庫で保管し、当日中に食べきりましょう。
⑥生地を作る。ボウルに薄力粉、塩を入れ泡立て器で軽く混ぜる。水を少しずつ加えてダマのないなめらかな生地にする。
⑦卵焼き器を温めてサラダ油を薄く引き、❻の生地をお玉1杯弱流し入れ、クレープ状に薄く焼く。まだらな薄い焦げ目が両面についたら火からおろし、残りも同様に焼き、冷ましておく。
⑧生地の手前にカスタードクリームを大さじ3ほどのせて、くるくるとまく。

鍵盤サンド

ドレミの歌が
聞こえてきそう？

材料（2〜3人分）

- 食パン（8枚切り）…8枚
- バター（室温に戻す）…15g
- わさび…少々
- マヨネーズ…大さじ1½
- スライスチーズ…4枚

［のりの佃煮］

- 焼きのり…4枚
- 濃口しょうゆ…30cc
- みりん…40cc
- 酒…30cc
- パセリ…適量

作り方

①のりの佃煮を作る。鍋に焼きのりを細かくちぎり入れ、調味料を加えて汁気がなくなるまで弱火でじっくり炊き、冷ましておく。

②食パン4枚の片面にバターを、残り4枚の片面にわさびとマヨネーズを混ぜたものを薄く塗る。バターを塗ったものとわさびマヨネーズを塗ったものがそれぞれ2枚1組になる（塗った面が内側になる）。

③2組（食パン4枚分）のパンにスライスチーズを各2枚挟み、残りにのりの佃煮を適量挟む。

④耳を切って食べやすい大きさに切り分け、鍵盤をイメージして皿に並べ、パセリを添える。

河童パン

河童も
大喜び？

材料（2〜3人分）

- きゅうり…2本
- 塩…小さじ½
- 食パン（8枚切り）…8枚
- バター（室温に戻す）…15g
- からし…少々
- マヨネーズ…大さじ1½
- トマト…適量

作り方

①きゅうりは小口からスライスして塩を振ってしばらくおいておく。きゅうりから出た水分をしっかりとしぼる。

②食パン4枚の片面にバターを、残りの4枚の片面にからしとマヨネーズを混ぜたものを薄く塗る。バターを塗ったものとからしマヨネーズを塗ったものがそれぞれ2枚1組になる（塗った面が内側になる）。

③4組のパンに❶を挟んでいく。

④❸をラップで包んで、15分ほどなじませる。

⑤耳を切って食べやすい大きさに切り分け、トマトを添える。

第4章

とっておきの日に作る家族のごちそう

和枝とぶつかりながらも西門の味を
習得していったため以子。
「ご飯が楽しみになる家を作りたい」
そんなめ以子の想いが詰まったレシピです。

……今日、一瞬だけ、みんなで一緒に
過ごしたんちゃいます？
鱧の皮と
きゅうりの
ザクザク
白天《しろてん》とかいわれのおつい
鱧ご飯

天神祭《てんじんまつり》のごちそう

（鱧《はも》料理いろいろ）

関西の夏の味覚、鱧料理。鱧は「梅雨の雨を飲んでおいしくなる」といわれ、脂が乗ってうまみがある、夏のごちそうです。

鱧と蛸の湯引き

鱧《はも》ご飯

材料（4〜5人分）

・鱧（骨切りしたもの）…1尾分
（約250g）

〔つけだれ〕

・鱧の中骨…1尾分
・酒…100cc
・みりん…100cc
・濃口しょうゆ…80cc
・たまりしょうゆ…大さじ2
・氷砂糖…30g

・ご飯…3合分
・山椒の佃煮…大さじ1

◎鱧は小骨が多いので、皮一枚残してミリ単位で切りこみを入れる「骨切り」が欠かせません。技術がいる作業なので、鮮魚店に依頼するとよいでしょう。

1 鱧のつけだれを作る。鱧の中骨は、180℃のオーブンできつね色になるまで焼く。鍋につけだれの材料を合わせ、焼いた中骨を入れて火にかける。沸騰したらアクを取り、弱火で20分ほど煮詰めてこす。

2 鱧を焼く。魚焼きグリル（もしくはオーブントースター）で皮を下にして焼く。焼けたらひと口大に切ってフライパンに移し、1のつけだれ（大さじ5）を入れて火にかけ、鱧にからめる。

3 炊きたてのご飯に、みじん切りにした山椒の佃煮とつけだれ（大さじ4）を混ぜる。しっかりご飯になじんだら2の鱧を混ぜて、器に盛る。

鱧の皮ときゅうりのザクザク

材料（4人分）

- 鱧皮…50g
- きゅうり…2本
- おろし生姜…小さじ2

〔三杯酢〕

- 鰹と昆布の合わせだし…100cc
（作り方はP62参照）
- 淡口しょうゆ…大さじ1
- 砂糖…大さじ1
- 酢…50cc

◎鱧皮とは鱧の皮を焼いたもの。鱧の身は高級かまぼこの原料になることから、鱧皮はかまぼこ店などで売られています。

1 三杯酢を作る。鍋にだし、淡口しょうゆ、砂糖を入れて火にかける。沸々とわいてきたら酢を加えて火をとめる。ボウルに移し替えて、氷を当てて急冷する。

2 きゅうりは小口から薄切りにする。海水程度の塩水（塩分約3％）に10分ほど漬けて、しんなりさせる。

3 2を手で絞ってしっかり水気をきる。1の三杯酢を半量取り、きゅうりをしばらく漬ける。

4 鱧の皮は細切りにする。

5 3と4を混ぜる。

6 水気をきって残りの三杯酢に漬け、おろし生姜を加えて和え、器に盛る。

鱧と蛸の湯引き

材料（4人分）

- 鱧（骨切りしたもの）…1尾分（約200g）
- 生蛸の足…4本
- 塩…適量
- 濃口しょうゆ…適量

〔酢みそ〕

- 白みそ…120g
- 砂糖…大さじ4
- 淡口しょうゆ…10cc
- 酢…50cc

〔薬味〕

- みょうが…6個
- 大葉…10枚
- きゅうり…2本

などお好みで

◎梅肉と合わせてもおいしくいただけます。

1 酢みそを作る。白みそに砂糖、淡口しょうゆ、酢を順に混ぜ、砂糖の粒が残らなくなるまでよく混ぜる。冷蔵庫に入れて冷やしておく。

2 薬味の準備をする。みょうがはせん切りにして軽く水にさらし、きゅうりは薄切りにする。大葉は洗って水気をきる。

3 鱧の湯引きを作る。鱧を2cm幅に切る。大きな鍋に湯を沸かし、鱧を底が平らな網に皮を下にして重ならないように並べる。鱧の皮だけが湯につかるようにして数秒固定してから、身全体がつかるように湯に落とし、鱧の身が白くなり花が開くようになるまで火を通す。氷水に鱧の身を落として十分に冷えたら手で軽く押さえてしっかり水気をきる。

3

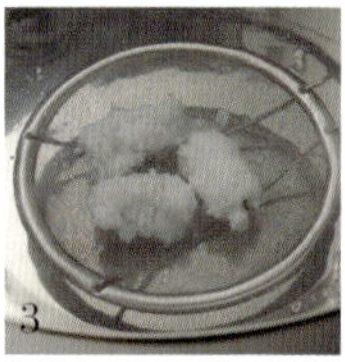
3

4 蛸の湯引きを作る。ボウルの中に蛸と塩を入れ、表面のぬめりを取るようによくもみ、水洗いをする。鍋に湯をたっぷりと沸かし、湯の3％ほどの濃口しょうゆを入れ、蛸をゆでる。蛸が赤くなり火が通ったら、取り出してうちわであおいで冷ます。食べやすい大きさにそぎ切りする。

5 器に薬味を盛りつけ、3、4を盛る。冷やした酢みそを添える。

白天とかいわれのおつい

材料（4人分）

- 白天…2枚
- かいわれ菜…1/4パック
- 鰹と昆布の合わせだし…600cc

（作り方はP62参照）

- 塩…小さじ1/4
- 淡口しょうゆ…小さじ1/4

◎白天とはキクラゲの入った白い揚げかまぼこのことで、関西を中心に食されています。鱧が使われていることも多いので、天神祭のごちそうにもピッタリです。

1 白天は食べやすい大きさに切り、熱湯にさっとくぐらせて油抜きをする。

2 かいわれ菜は種や根を取り除き、食べやすい長さに切る。

3 鍋にだしを入れて火にかけ、白天を入れてひと煮立ちさせる。塩と淡口しょうゆで調味し、かいわれ菜を加える。しんなりしたら火をとめて器に盛る。

鱧のバラ寿司

め以子が正蔵へのお土産に持っていったのがこの料理。見た目も美しく、おもてなしにピッタリの一品です。

材料（4人分）

- 鱧の湯引き…12切れ

（湯引きの方法はP106参照。湯引きされた状態でも売られている）

〔しいたけの旨煮〕

- 干ししいたけ（戻したもの）…12枚
- 干ししいたけの戻し汁…300cc
- 鰹と昆布の合わせだし…150cc（作り方はP62参照）
- 砂糖…大さじ4
- みりん…20cc
- 濃口しょうゆ…40cc

〔錦糸卵〕

- 卵…2個
- 塩…ひとつまみ

〔寿司飯〕

- 米…2合
- 山椒の佃煮…大さじ1

A
- 酢…50cc
- 砂糖…30g
- 塩…7g

- 木の芽…12枚

1 寿司飯を作る。米は少し硬めに炊く。湿らした寿司桶にご飯をあけ、あらかじめ合わせておいたAをまわしかける。切るようにして手早く混ぜ、人肌まで冷ましたら寿司飯を桶の隅に寄せ、かたく絞った布巾をかけておく。

2 しいたけの旨煮を作る。戻した干ししいたけは石付きを切り落とし、下ゆでしてザルにあげておく。鍋に戻し汁、だし、しいたけを入れて火にかける。煮立ったら砂糖とみりんを加えコトコト煮る。煮汁が2割ほど減ったら濃口しょうゆを加え、煮汁がほぼなくなるまで煮る。

3 錦糸卵を作る。卵は溶いて塩を加えて混ぜ、細かい目のザルでこす。卵焼き器を弱火にかけ、卵液を適量加えて、全体に薄くのばす。表面が乾いてきたら生地が破けないように裏返して火を通し、ペーパータオルの上にのせて余分な油分をとる。同様に数回に分けて焼き、冷めてから3cm長さのせん切りにする。

4 寿司飯を仕上げる。2のしいたけの旨煮のうち、4枚の汁気をきってみじん切りにする。山椒の佃煮もみじん切りにし、寿司飯に混ぜ込む。

5 器に4を盛り、錦糸卵を散らす。鱧の湯引き、しいたけの旨煮（大きい場合は半分に切る）、木の芽をのせる。

◎お好みでわさびじょうゆや梅肉をつけても、おいしくいただけます。

ハモニカ（鱧似寒）

白くてふわふわで、きゅーんと甘酸っぱい静と正蔵の思い出のお菓子

材料（15cm×13・5cmの角1台分）

〔寒天液〕
・水…500cc
・砂糖…100g
・粉寒天…8g

〔メレンゲ〕
・卵白…2個分
・グラニュー糖…60g
・柚子の果汁…1個分

・黒砂糖（粉）…適量

◎ドラマのために考案されたオリジナルメニューです。

1 鍋に、水、砂糖、粉寒天を入れ、溶かしてから火にかける。沸騰したら弱火にして2分ほど火にかける。火から下ろし、あら熱をとる。

2 ボウルに卵白とグラニュー糖を入れ、泡立て器でしっかりと角が立つまで泡立てる。途中で柚子の果汁も加える。

3 1の寒天液に2回に分けて2のメレンゲを加え、そのつど混ぜる。

4 3の2/3量を水で濡らした型に流し入れる。残りの1/3はしぼり出し袋に入れて、鱧の湯引きのイメージで型に入れたものの上に細くしぼる。冷蔵庫で冷やし固める。

5 食べやすい大きさに切り分けて皿に盛り、上から黒砂糖をかける。

しがらき

昔は屋台で売りに来たこともあったとか。
素朴な甘みの夏のおやつ

材料（4人分）

- うるち米…260g
- もち米…50g
- きな粉…大さじ3
- 砂糖…大さじ2
- さらし（10cm×20cmのもの）…2枚

1 うるち米ともち米を研いでザルにあげ、すりこぎなどで軽く叩いて米を少し割る。

2 さらしで細長い袋状のものを縫う（後でほどくので、あらく縫うこと）。

3 2の袋に1を半量ずつ詰め、口を紐で結んで閉じる（ゆでると膨らむので、ゆとりを持たせてつめる）。

4 鍋に湯を沸かし、3を20分ほどゆでる。取り出してあら熱をとり、ひと晩冷蔵庫で寝かす。

5 さらしの袋から取り出し、糸で1cmほどの厚さに切る。きな粉と砂糖を混ぜたものにつけて食べる。

◎青のりやすりごまを砂糖と合わせたものでもおいしくいただけます。

episode

天神祭の夜に起きた小さな奇跡

め以子は正蔵に会いに行くことを認められて西門家に戻ったが、正蔵と西門家の関係は相変わらずだった。梅雨が明け、天神祭の日が近づいてきた。天神祭くらい、正蔵も含めた家族全員で過ごしたいと願うめ以子だが、悠太郎は祭りの手伝い、和枝は外出、静は久しぶりにお座敷に出るという。

がっかりしため以子だが、希子に励まされて天神祭のごちそう・鱧料理に腕をふるう。室井、桜子、馬介《うますけ》も西門家に集まり、酒と料理を味わいながら獅子を待っていたら、和枝が帰ってきた。さらに静もお座敷に気が乗らないと帰ってくる。そしてやって来た獅子は、なぜか悠太郎。獅子の向こうには、なんと正蔵の姿が。

ほんの一瞬だが、家族全員が天神祭の夜にそろうという、奇跡が起きたのだった。

鰯のつみれ揚げ・骨せんべい

ホロホロやわらかいつみれと、
カリカリの骨せんべい。
一緒に作れば、始末もバッチリです。

私はお義姉さんを
好きだって言い続けようと思います。
それが私のいけずです。

鰯のつみれ揚げ・骨せんべい

材料（2人分）
- 鰯…200g
- 塩…小さじ1/4
- 片栗粉…小さじ1
- 白みそ…大さじ1/2
- 酒…大さじ2
- 生姜（みじん切り）…小さじ1
- 粉山椒…小さじ1/2
- すだち…1個

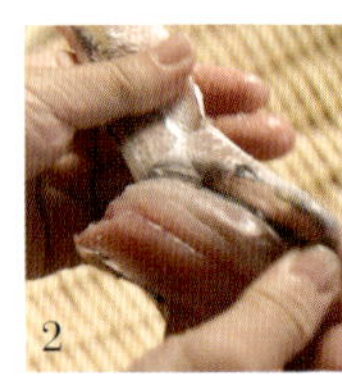
2

3

1 鰯は頭と内臓を取って血の塊がないように塩水（分量外）できれいに洗う。

2 1を手開きし、骨はきれいに水気をきっておく。身は皮をむき、包丁で細かく叩いてすり鉢に移し、塩と一緒にすりつぶす。

3 2のすり身に粘りが出てきたら片栗粉、白みそ、酒を順に加え、なめらかにする。生姜と粉山椒を混ぜる。

4 160℃の油で骨を揚げる。泡が出なくなったら油をしっかりきって取り出し、塩を振る。
◎これで骨せんべいが完成です。

5 165℃の油ですり身を丸く形づくりながら揚げていく。火が通ったら取り出し、塩を振る。

6 器に4、5を盛り、半分に切ったすだちを添える。

小田巻蒸し

和枝がめ以子のために作った
やさしい味のうどん入り茶碗蒸し

材料（4人分）

- 卵…3個
- 鰹と昆布の合わせだし…500cc（作り方はP62参照）
- みりん…10cc
- 淡口しょうゆ…20cc
- 塩…小さじ1/3
- かまぼこ…2cm
- 海老（小）…4尾
- 干ししいたけ（小）…4枚
- 三つ葉…4本
- うどん（乾麺）…30g

1 具の準備をする。かまぼこは5mm厚さに切る。海老は塩ゆでし、殻をむく。干ししいたけは水で戻して下ゆでしておく。三つ葉は1.5cmの長さに切る。うどんは固めにゆでておく。

2 卵を溶き、だし汁、みりん、淡口しょうゆ、塩と合わせる。細かい目のザルに通して滑らかにする。

3 蒸し碗に1の具材を入れて2を静かに注ぐ。表面の泡を取り除き、ふた（もしくはラップ）をして、よく蒸気の上がった蒸し器で強火で2分、その後弱火で13分蒸す。◎竹串をさして透明な汁が上がってきたら出来上がりです。◎紡いだ麻糸を巻いて玉にしたものを苧環《おだまき》といいますが、繊維工業が盛んだった大阪船場発祥の郷土料理です。

紅ずいきと油揚げの煮物

どこかなつかしいほっとする味
丁寧に作りたい和枝の一品

材料

・紅ずいき…300g
・油揚げ…1枚
・鰹と昆布の合わせだし…400cc
（作り方はP62参照）
・酒…大さじ1
・砂糖…大さじ2
・みりん…大さじ1
・淡口しょうゆ…大さじ2
・酢…大さじ2

1 ずいきは皮をむいて割り箸の太さ位に裂き、3㎝の長さに切る。

2 1を酢を加えた熱湯でゆで、しんなりしたらザルにあけて水にさらす。アクが抜けたら、しっかり水気をきる。

3 油揚げは熱湯にくぐらして油抜きをし、食べやすい大きさに切る。

4 鍋にだし汁、酒、2、3を入れて火にかける。砂糖、みりん、淡口しょうゆで味を調えて味を含ませる。
◎紅ずいきとは、里芋の葉茎のこと。関西では、夏の伝統野菜として親しまれています。

episode

和枝の不幸と決意。でも、変わるのはしんどい

大学教授を名乗る男と親しくなった和枝は、再婚を考えるが、男は和枝が株で当てた金を狙う詐欺師だった。失意の和枝はガス自殺を図り、駆けつけた皆に止められる。騒動で走り回っため以子は激しい腹痛を覚え、妊娠していたことを知る。医者から安静を言い渡されため以子の料理を用意してくれたのは、和枝だった。その料理はどれもめ以子のからだを気遣ってくれていることがわかる、やさしい味。和枝なりに、これまでの自分の生き方を変えようとしているのか。

快復しため以子は、和枝に鰯料理の作り方を教えてほしいと頼む。「お義姉さんの料理が好きです」というめ以子だが、和枝はやはりめ以子を許すことができない。結局和枝は農家に嫁ぎ、西門家を去っていったのだった。

牡蠣の土手鍋

め以子が悠太郎のために作ったお鍋。ほんのり甘い白みそと牡蠣のハーモニーがたまりません。

材料（4人分）

- 牡蠣…30粒程度
- 焼き豆腐…1丁
- 青ねぎ…1束
- 菊菜…1束
- 昆布だし…1ℓ（作り方はP62参照）

〔土手鍋みそ〕

- 白みそ…200g
- 砂糖…40g
- 酒…150cc
- 卵黄…1個
- おろし生姜…20g
- 黄柚子（きざみ）…1/2個分

1 土手鍋みそを作る。白みそ、砂糖、酒、卵黄を合わせ、弱火にかける。合わせたみそが元の固さになるまで焦がさないようにしっかり練る。火から下ろし、細かい目のザルに通して裏ごしし、おろし生姜を混ぜる。

2 牡蠣は塩水で丁寧に洗う。焼き豆腐は食べやすい大きさに切る。青ねぎは3cmの長さに切る。菊菜は丁寧に洗って食べやすい大きさに切る。

3 鍋に昆布だしを入れ、中央に1を入れて火にかける。少しみそをつぶして具材を盛り込む。

4 沸騰したら弱火にし、全体的に火が通ったら器に取り、刻み柚子を添える。

◎牡蠣は煮過ぎると固く小さくなってしまいます。キュッと身が引き締まったらいただきましょう。

魚すき

初めて西門家にやってきた、父・母・弟をもてなすためにめ以子が作ったお鍋です。最初に魚を漬けこむことで、味がしっかりしみこみます。

材料（4人分）

- 鯛…½尾（200g）
- 鰆…¼尾（300g）
- 車エビ…4尾
- 白菜…⅙玉
- 菊菜…1束
- 青ねぎ…1束
- 生しいたけ…8個
- 焼き豆腐…½丁
- 薬味（刻みねぎ、おろし生姜）…各適量

〔魚の漬け地〕

- みりん…100cc
- 酒…50cc
- 淡口しょうゆ…50cc
- 粉山椒…適量

〔煮汁〕

- 昆布だし…800cc（作り方はP62参照）
- みりん…400cc
- 酒…400cc
- 淡口しょうゆ…200cc

1 魚は食べやすい大きさに切る。車エビは竹串で背ワタを抜く。魚の漬け地を合わせ、車エビと魚を10分漬け込む。

2 白菜、菊菜、青ねぎ、生しいたけ、焼き豆腐は食べやすい大きさに切る。

3 煮汁を合わせて鍋に入れて火にかけ、魚、野菜等を順に入れて煮る。

4 火が通ったものから、薬味を添えていただく。

◎溶き卵に付けてもおいしくいただけます。魚や野菜はお好みでいろいろお試しください。

め以子のおせち講座

おせちの「せち」は節、つまり節句《せっく》のこと。

ご存じの方も多いとおもいますが、桃の節句（3月3日）、端午《たんご》の節句（5月5日）など、1年には5つの節句があり、おせち料理とはもともとこの節句の料理を指す言葉でした。それがのちにお正月の祝い膳を指す言葉になったのです。

ところで、おせちにはいろいろな「祈り」が込められていますが、主なものをちょっとご紹介すると……。

黒豆…健康（まめ）に暮らせますように。

数の子…子孫繁栄、子宝に恵まれますように。

たたきごぼう…丈夫な体になれますように。

黒豆

材料（作りやすい分量）

- 黒豆…300g
- 水…2ℓ
- 砂糖…270g
- しょうゆ…大さじ3
- 塩…小さじ1
- 重曹…小さじ1/2
- サビ釘…5～6本

作り方

①サビ釘は洗ってさらしなどの布に包み、黒豆は虫食いなどの豆は取り除き、洗って水気をきる。

②分量の水を沸かして、砂糖、しょうゆ、塩、重曹を入れて火をとめる。❶をいれて蓋をして一晩おく。

③❷の鍋を火にかけ、沸いたらアクを取る。途中2回差し水をしてアク取りをしたらごく弱火にして8時間ほど煮る。

④豆が柔らかくなったら火を止めて味を含ませる。

数の子

材料（作りやすい分量）

- 数の子（塩漬け）…250g
- 鰹と昆布の合わせだし…1ℓ
（作り方はP62参照）
- 削り鰹…10g
- 酒…100cc
- みりん…150cc
- 淡口しょうゆ…50cc

田作り…五《ご》穀豊穣《こくほうじょう》（ごまめ＝五万米ともいうことから）。
栗きんとん…お金がたまりますように。
海老…腰が曲がるまで長寿でいられますように。
伊達巻…学問成就（巻物に見立てて）。
昆布料理…よろこんぶ（語呂合わせ）。
にらみ鯛…めでたい（にらみ鯛は尾頭付きの鯛の焼きもので、お正月の三が日は手をつけずに食卓にそのまま飾られる）。

　また、お重に使われる葉っぱにも意味があります。
裏白《うらじろ》…緑の葉であることから常に栄えるように、また、裏を返しても白い、純潔な気持ちでという願いが込められているなど、諸説あります🅐。
ユズリハ…新しい葉がしっかり育ってから古い葉が落ちる葉です。先祖代々引き継ぐことを示しているので、お正月にはよく使われます🅑。

　料理だけでなく、お箸にも意味があります。関西では、お正月や祝言などのハレの日には両端が細くなっている柳箸を使います。両端が細くなっているのには、一方を自分が使い、もう

作り方
①数の子は薄い塩水に半日ほどつけて塩抜きする（食べてみて少し塩気が残っている程度）。
②鍋にだし汁、酒、みりん、しょうゆをいれて火にかけ、ひと煮立ちしたら火をとめて粗熱をとる。
③❶の数の子を半量の❷につけ半日〜1日おく。
④❸の数の子をザルに丁寧に取り出して水気をきり、残りの❷にガーゼで包んだ削り鰹と一緒に漬け直し、1日おく。
⑤盛り付ける直前に数の子の水気をきる。

田作り

材料（作りやすい分量）
・ごまめ…30g　・濃口しょうゆ…10cc
・酒…40cc　・みりん…数滴
・砂糖…大さじ1/2　・一味唐辛子…少々

作り方
①❶ごまめは炮烙《ほうろく》もしくはオーブン（130℃くらい）で、ポキッと折れるくらいまで煎る。
②フライパンにしょうゆ、酒、みりんを入れて火にかける。煮立ってしばらくして泡が大きくなったら、焦げる寸前で❶を加えて絡める。
③バットに❷を広げて冷まし一味唐辛子を振る。

一方に神様が宿るという意味が込められています。また、正月早々お箸が折れたら縁起が悪いので、白木の折れにくい柳箸を使います。

箸袋に名前を書くのは、主婦が3日間台所に立たなくて済むようにという配慮から、また神様に守っていただけるよう願いを込めています。取り箸には「海山」と書いて、海の物にも山の物にも恵まれましたと感謝を込めます。

おせち作りのポイントは、三が日日持ちする料理を作ること。あらかじめ盛り付けイメージをイラストで書いておくと、献立も立てやすいですよ。また、冷めたり時間が経つと味がぼやけたり、傷みやすくなるので、いつもより濃いめに味付けすることをお勧めします。重箱に盛るときはしっかり料理を冷まして水気をきりましょう。葉蘭などの葉ものを利用すると、味うつりも防げ、見た目もきれいに仕上がります。

下段にご紹介したのは、おせち料理には欠かせない祝い肴のレシピです。祝い肴は、関西では黒豆、数の子、たたきごぼう、関東では黒豆、数の子、田作りとされることが多いようです。

たたきごぼう

材料（作りやすい分量）

・ごぼう…2本

［煮汁］

・鰹と昆布の合わせだし
…300cc
（作り方はP62参照）

・酢…50cc

・淡口しょうゆ…40cc

・砂糖…大さじ2

［和え衣］

・白煎りごま…15g

・砂糖…大さじ2

・淡口しょうゆ
…大さじ1

・酢…大さじ1

作り方

①ごぼうは皮がこそげすぎないように注意しながら、たわしでしっかり洗う。割り箸くらいの太さに割いて3cmの長さに切り、水にさらしておく。

②酢（分量外）を少量加えた熱湯で❶を歯ごたえが少し残るくらいまでゆで、ザルにあけておく。

③煮汁を合わす。鍋にだし汁を入れて火にかけ、調味料を入れる。❷のごぼうを入れて火をとめ、味を含ませる。

④和え衣を合わす。ごまをすり鉢ですり、砂糖、酢、しょうゆを加える。

⑤❸のごぼうをザルにあけて水気をきり、❹で和えながらすりこぎ棒でごぼうをたたき、繊維をすこし潰す。

連続テレビ小説　ごちそうさん

STAFF

［脚本］森下佳子
［音楽］菅野よう子
［主題歌］ゆず「雨のち晴レルヤ」
［フードスタイリスト］飯島奈美／板井うみ、岡本柚紀
［西洋料理指導］肥田順
［大阪料理指導］広里貴子／伊藤望、弘瀬真弓
［制作統括］岡本幸江
［演出］木村隆文

CAST

卯野め以子…杏
卯野イク…財前直見
卯野大五…原田泰造
卯野照生…井之脇海
卯野トラ…吉行和子
西門悠太郎…東出昌大
西門和枝…キムラ緑子
西門希子…高畑充希
泉　源太…和田正人
西門　静…宮崎美子
西門正蔵…近藤正臣

参考資料

『ＮＨＫドラマ・ガイド
連続テレビ小説 ごちそうさん Ｐａｒｔ１』（ＮＨＫ出版）
『大阪食文化大全』浪速魚菜の会　笹井良隆／編著（西日本出版社）
『からだにおいしい魚の便利帳』藤原昌高／著（高橋書店）
『聞き書　大阪の食事』
「日本の食生活全集　大阪」編集委員会／編（農山漁村文化協会）
『新装版「こつ」の科学』杉田浩一／著（柴田書店）
『素材よろこぶ　調味料の便利帳』（高橋書店）
『手づくり漬け物３１５』手づくり漬け物の会／編（家の光協会）
『どっちがうまい!?　東京と大阪・「味」のなるほど比較事典
味の好み・料理法・食べ方からネーミングの違いまで』
前垣和義／著（ＰＨＰ文庫）
『保存版　おいしい漬け物と梅干し』（主婦の友社）

［製作協力］　NHKドラマ制作班＋広里貴子

広里貴子（ひろさと・たかこ）

大阪生まれ。ごちそうプロデューサー。大阪あべの辻調理師専門学校料理講師を経て、kichoを設立。大阪の食を追究し、商品開発・提供、料理教室の講師などを行いながら、大阪はじめ、関西の食のＰＲに努めている。

［写真］　植田写真事務所、hagehige-Fotolia.com（P 90-91）、フォトライブラリー、NHKドラマ制作班
［フードスタイリング］　オフィスしみづ、NHKドラマ制作班
［デザイン］　フロッグキングスタジオ
［校閲］　あかえんぴつ、鴎来堂、藤沼亮
［編集］　野村美絵（朝日新聞出版）

ＮＨＫ連続テレビ小説

ごちそうさんレシピブック

２０１３年12月30日　第１刷発行
２０１４年１月30日　第２刷発行

製作協力　ＮＨＫドラマ制作班＋広里貴子
発行者　市川裕一
発行所　朝日新聞出版
〒１０４－８０１１
東京都中央区築地５－３－２
電話　０３－５５４１－８８３２（編集）
０３－５５４０－７７９３（販売）
印刷所　日経印刷株式会社

Published in Japan by Asahi Shimbun Publications Inc.
ISBN 978－4－02－251133－1
定価はカバーに表示してあります。

落丁・乱丁の場合は弊社業務部（電話０３－５５４０－７８００）へご連絡ください。
送料弊社負担にてお取り替えいたします。